GERTRUDE KREIPEL

Heilende Liköre *und* Schnäpse selbstgemacht

Heilen mit hausgemachten Likören

tosa

Umschlag von Studio Höpfner-Thoma GraphicDesign
Abbildungen in den Bildteilen von Foto Liesl Biber
Satz: Zehetner Ges. m. b. H., Oberrohrbach

Druck: DELO tiskarna d.d., Slovenia

www. tosa-verlag.com

Inhalt

Abkürzungen

EL	Esslöffel
KL	Kaffeelöffel
TL	Teelöffel
g	Gramm
l	Liter
dl	Deziliter
ml	Milliliter
cl	Zentiliter
Pckg.	Packung
Msp.	Messerspitze
Vol.	Volumen

Vorwort

Liebe Leserinnen und Leser!

„Ein Gläschen in Ehren kann niemand verwehren!", so heißt es in einem alten Sprichwort.

Heute, wo Autounfälle von Betrunkenen immer öfter passieren, möchte ich Ihnen Verschiedenes vorstellen, das Ihr Gewissen nicht belastet, wenn Sie die genauen *Trinkregeln* einhalten. So manches Gläschen Likör, zur richtigen Zeit getrunken, ist eine Wohltat für den Körper.

Unter dem Slogan „Ein guter Tropfen zur rechten Zeit heilt jede Krankheit!" habe ich verschiedene Heilschnäpse-Rezepturen für Sie zusammengestellt.

Alle Zutaten, die Sie nicht frisch geerntet haben, bekommen Sie in der Apotheke oder im Reformhaus in getrocknetem Zustand. Jedoch sind frische Kräuter, der Güte des Likörs wegen, vorzuziehen.

Hier möchte ich Ihnen ein Buch mit *gesunden Likören* vorstellen und auch einige Tipps über die Pflanzen geben, aus denen die einzelnen Liköre hergestellt werden.

Ich freue mich, wenn Sie wieder etwas Passendes zum Probieren finden, und grüße Sie herzlichst

Ihre Gertrude Kreipel

1. Kapitel

Für die Nerven und gesunden Schlaf

Heilkräuter und Pflanzen als Tee, Sirup oder auch mit Alkohol versetzt, bringen Ihren Körper wieder ins Gleichgewicht und lindern Ihre Beschwerden!

Abendtrank

Zutaten:
30 g Blätter der Zitronenmelisse
20 g Lavendelblüten
20 g wohlriechendes Eisenkraut (Verveine)
10 g Apfelsinen-(Orangen-)Blüten
10 g Schlüsselblumen
5 g Goldmelissenblüten
5 g Kamillenblüten
1 l Wasser
1/2 l Weinbrand

Aus Kräutern und Wasser einen Teeauszug bereiten und 10 Minuten ziehen lassen. Nach dem Abseihen mit dem Weinbrand mischen.

TIPP! Für guten Schlaf und leicht beruhigend wirkt ein Gläschen am Abend, wenn sich Einschlafschwierigkeiten bemerkbar machen!

Für kalte Winterabende meine Variation von:

Weihnachtstee

Zutaten:
20 g Apfelschalen
20 g Blaubeeren (Heidelbeeren)
20 g Zimtrinde geschnitten

Die Kräuter in 1 Liter Wasser kalt ansetzen und über Nacht stehen lassen. Am nächsten Morgen nur leicht köcheln, 5 Minuten ziehen lassen und abseihen. In der Zwischenzeit den Rotwein mit dem Glühweingewürz aufkochen lassen und den Honig darin verrühren. Beide

20 g Pomeranzenschalen (Apfelsinen-, Orangenschalen)
10 g Sternanis geschnitten
5 g Hagebuttenschalen
5 g Karkade (Hibiskusblüten)
Rotwein und Honig nach Belieben
1 Glühweingewürzsäckchen

Flüssigkeiten vermischen und in dunkle Flaschen füllen.

Tipp! Bei Bedarf nur mehr im Mikrowellenherd wärmen und der Trinkgenuss ist fertig!

Nun wieder einmal ein gesunder Durstlöscher, wie er bei unseren Kindern beliebt ist und ohne Alkohol zubereitet wird.

Kindertee

Zutaten:
30 g Lindenblüten geschnitten
30 g Pfefferminzblätter
20 g Melissenblätter
10 g Fenchelfrüchte zerstoßen
5 g Goldmelissenblüten
5 g Kamillenblüten
Zitronen- oder Apfelsinen-(Orangen-)Saft

Bereiten Sie aus den angegebenen Zutaten und 1 Liter Wasser einen Tee, den Sie mit Zitronen- oder Apfelsinen-(Orangen-)Saft mischen.

Tipp! Warm oder kalt getrunken, ist dies ein gesunder Durstlöscher für Ihre Kinder!

Noch ein feiner Teetrunk für die ganze Familie ist auch mein Sommertee, der jedoch bei Bedarf von Erwachsenen mit einem kleinen Stamper Himbeergeist verfeinert werden darf.

Familientee

Zutaten:
30 g Brombeerblätter
20 g Lindenblüten
20 g Melissenblätter
20 g Pfefferminzblätter
10 g Verveine

Die Kräuter mit kochendem Wasser übergießen, 10 Minuten ziehen lassen und dann abseihen. Diesen Auszug zum Durstlöschen warm oder kalt genießen, eventuell für Erwachsene mit Himbeergeist verfeinern.

Tipp! Dieser Beruhigungstee ist auch schweißbindend und kann mit Vanilleeis serviert werden!

Gegen Darmkrämpfe und Erbrechen, die meist mit Schweißausbrüchen verbunden sind, gibt es einen Kräuterlikör, der sofort hilft.

Fenchelgeist

Zutaten:
20 g Fenchelfrüchte
15 g Gänsefingerkraut
15 g Bohnenkraut
15 g Pfefferminzblätter
15 g Sternanis
10 g Mariendistelfrüchte
10 g Tausendgüldenkraut
1 l Wodka (40% Vol.)

Alle Zutaten in eine weithalsige Flasche geben und mit dem Wodka übergießen. Nach 3 Wochen abfiltern und in kleine Hustensaft-Flaschen füllen.

TIPP! Dieser Kräuterbitter ist zwar nicht sehr wohlschmeckend, aber eine große Hilfe bei Darmgrippe und ähnlichen Verkühlungen!

Bei nervlichen Spannungszuständen jeder Art hilft auch mein nächster Saft.

Passionsblumenlikör

Zutaten:
30 g Melissenblätter
25 g Passionsblumenkraut
15 g Pestwurz
10 g Hopfen
10 g Lavendelblüten
10 g Apfelsinen-(Orangen-)Blüten
1/2 l Ansatzkorn (80% Vol.)

Alle Zutaten in den Ansatzkorn geben und 5 Wochen an einem ruhigen Ort stehen lassen. Hin und wieder aufschütteln. Nach 5 Wochen durch ein feuchtes Leinentuch seihen. Der feine Geruch, der sich im ganzen Haus verbreitet, ist sozusagen die Krönung des Ganzen. Mischen Sie diesen Ansatz am besten mit 1 Liter aufgekochtem Obstsaft Ihrer Wahl (sehr fein schmeckt Ananassaft, dieser ist jedoch nicht so lange haltbar wie z. B. Apfelsaft).

TIPP! Ein kleines Gläschen von diesem Saft am Abend vor dem Einschlafen genossen, erspart Ihnen die Chemie, die sonst der Arzt verordnet!

Melissenlikör

Zutaten:
250 g Melissenblüten
1000 g Honig
1 l Korn oder Obstler mit 40% Vol.

Die Melissenblüten in ein großes Glas mit Schraubverschluss geben und mit dem Alkohol aufgießen. Alles so lange hell und warm stellen, bis die Blüten ihre Farbe in den Alkohol abgegeben haben. Ist dies geschehen, den

1 l heißes Wasser

Honig in dem Wasser auflösen, noch lauwarm mit dem Alkohol mischen, gut durchschütteln und in einer dunklen Flasche aufbewahren.

Tipp! Dieser Likör hat nur etwa 15% Alkoholgehalt und ist ein hervorragender Genuss nach einem stressigen Arbeitstag!

Ein anderes, sehr bewährtes Mittel, welches sich als schlafförderndd erwiesen hat, ist der Baldrian. Die guten alten Baldriantropfen sind ja bestimmt jedem bekannt. Die jedoch sehr bitter schmeckenden Auszüge sind mit einer kleinen List zu beheben.

Baldrianwässerchen

Zutaten:
150 g Baldrianwurzel im Ganzen
50 g Baldrianblüten
1/2 l Weinbrand
1 l Wasser
750 g dunkler Waldhonig

Die Baldrianwurzel mit den Blüten und dem Weinbrand in einem großen Glas mit weiter Öffnung (Gurkenglas mit Schraubverschluss) geben und luftdicht verschließen. Das Glas 6 Wochen lang an der Sonne stehen lassen und während dieser Zeit öfter aufschütteln. Diesen Auszug nach der Ruhezeit mit dem Honig mischen und das aufgekochte, ausgekühlte Wasser dazugeben. Der nun fertige Beruhigungs- und Schlummertrunk sollte noch 2 Monate Zeit zum Nachreifen haben.

Tipp! Sie sehen schon, dieses Wässerchen hat, wie alle in diesem Buch geschaffenen Liköre, nur wenig Alkoholgehalt – gerade nur den kleinen Kick, um zu schmecken und auch gesund zu sein!

Weihnachtstee
(siehe auch Rezept auf Seite 12)

Familientee
(siehe auch Rezept auf Seite 14)

Angelique
(siehe auch Rezept auf Seite 27)

Herzwein
(siehe auch Rezept auf Seite 36)

Hopferl

Bitte legen Sie 8 bis 10 Hopfenblüten in ein Glas mit Schraubverschluss und bedecken Sie alles mit Ansatzkorn (80% Vol.). Dieses Gemisch sollte nun mindestens 2 Monate dunkel rasten. Nach dieser Zeit durch einen Kaffeefilter laufen lassen und die Menge abmessen. Mit der dreifachen Wassermenge und Honig nach Geschmack mischen und in Flaschen füllen.

TIPP! Ein kleiner Stamper vor dem Schlafen oder auch vor einer wichtigen Prüfung ist eine Hilfe für jedermann!

Schlafmilch

Geben Sie in eine Pfanne eine Tasse Milch und legen Sie eine halbe geschälte Zwiebel dazu. Die so vorbereitete Milch erhitzen, jedoch nicht kochen und 10 Minuten ziehen lassen. Nach dieser Zeit die Zwiebel entfernen und mit Honig nach Geschmack süßen. Kurz vor dem Schlafengehen sollten Sie diese Milch schluckweise trinken.

TIPP! Diese Schlafmilch kommt ohne Alkohol aus, kann jedoch mit einem oder mehreren Tropfen Rum verstärkt werden!

Passionsblumentraum

Zutaten:
35 g Passionsblumenblüten
20 g Weißdornblüten
20 g zerstoßener Fenchel
20 g Rosmarin
50 g Johanniskraut
1/4 l guter abgelagerter Weinbrand

Bereiten Sie aus der Kräutermischung und 1 Liter Wasser einen Tee, den Sie 2 Minuten aufkochen und 10 Minuten ziehen lassen. Nach dieser Zeit abseihen und mit dem Weinbrand mischen. In kleine dunkle Flaschen füllen und vor dem Schlafengehen einen kleinen Stamper davon trinken.

TIPP! Dieser kleine Schluck hilft auch sehr gut bei nervösen Verspannungen!

Nervenberuhiger

Zutaten:
45 g Melisse
20 g Hopfen
20 g Apfelsinen-(Orangen-)Blüte
10 g Lavendel
5 g römische Kamille

Bereiten Sie aus diesen Kräutern einen Auszug, den Sie mindestens 10 Minuten stehen lassen. Bei sehr starken nervlichen Anspannungen sollten Sie diesen feinen Tee tagsüber zwei- bis dreimal ohne Alkohol genießen, vor dem Schlafengehen jedoch mit etwas Wein und Honig verfeinert trinken.

TIPP! Bereiten Sie doch gleich einen feinen Schlaftrunk zu, den Sie in Flaschen abfüllen und bei Bedarf nur mehr aufwärmen müssen!

Sandmännchen

Zutaten:
1 l Wasser
20 g Johanniskraut
30 g Baldrianwurzel
25 g Melissenblatt
20 g Pfefferminzblatt
5 g Malvenblatt
1/4 l Obstbrand 38% Vol.
2 bis 3 EL Honig

Die Kräuter mit dem kochenden Wasser überbrühen und eine Viertelstunde ziehen lassen. Noch heiß den Honig einrühren und nach dem Erkalten mit dem Obstbrand mischen. In dunkle kleine Flaschen abfüllen, und wenn das Sandmännchen nicht kommen will, einfach mit einem Stamper nachhelfen.

Tipp! Diese natürliche Nerven- und Einschlafhilfe können Sie auch in größeren Mengen zubereiten, da durch die Zugabe von Obstbrand eine große Haltbarkeit gegeben ist!

Besonders ältere Menschen leiden an Ein- oder Durchschlafstörungen. Dazu möchte ich Ihnen einige Anhaltspunkte erklären. Kann man nicht einschlafen, weil man an morgen denkt, an die Rechnungen, die zu bezahlen sind, oder die liegen gebliebene Arbeit, so sollte man einen Schlafzusatz mit Baldrian wählen. Kann man aber nicht einschlafen, weil einem der vorherige Tag nicht loslässt und man glaubt, alles sei schief gelaufen und man hätte in gewissen Situationen anders reagieren sollen, dann ist Hafer die richtige Hilfe.

Hafertropfen

Bereiten Sie aus 100 g Haferblüten und 500 ml reinem Alkohol (80% Vol.) eine Tinktur mit beruhigender schlaffördernder Wirkung. Diese Tropfen sind unbegrenzt wirksam und auch jahrelang haltbar.

TIPP! Auf einem Stück Würfelzucker eingenommen, schmecken diese besonders fein!

Omas Schlummertrunk

Man nimmt 4 Hand voll im Frühjahr gepflückte frische, junge und daher noch sehr aromatische Kiefernspitzen und legt sie in eine weithalsige Flasche (z. B. Graniniflasche). Alles mit Obstler oder einem anderen Brand übergießen, sodass alle Nadeln gut mit Alkohol bedeckt sind. Nach 2 bis 3 Tagen, wenn die Flüssigkeit schön hellgelb geworden ist, durch einen Kaffeefilter laufen lassen und auf Flaschen ziehen.

TIPP! Die Essenz kann jetzt schon genossen werden, wird aber mit jedem Tag Lagerung besser! Für alle, die den Alkoholgeschmack nicht so sehr mögen – geben Sie einen kleinen Schluck von Omas Schlummertrunk in eine Tasse mit frisch gebrühtem Tee!

Italienische Nächte

Kaufen Sie beim Floristen frische oder in der Apotheke getrocknete Apfelsinen-(Orangen-) Blüten. Nehmen Sie entweder 60 g frische oder 10 g getrocknete Apfelsinen-(Orangen-)Blüten. Legen Sie die Blüten bitte in 1 Liter hochprozentigen Alkohol (80% Vol.) und lassen Sie die Blüten 4 Tage lang mazerieren (auslaugen).

Kochen Sie bitte 3/4 Liter Wasser mit 300 g Zucker so lange ein, bis ein Sirup entsteht. Im Wasserbad kalt rühren und mit der Alkoholmischung vermengen. In saubere Flaschen mit dichtem Schraubverschluss abfüllen und bei einem Candlelight-Dinner zu zweit genießen, ehe Sie zu Bett gehen.

Tipp! Geben Sie ein wenig von diesem Likör in eine Duftlampe und der feine Geruch durchzieht Ihr ganzes Haus!

Dass Lavendelbäder am Abend eine beruhigende und schlaffördernde Wirkung haben, ist allgemein bekannt. Nicht so bekannt ist, dass schon die französischen Patres daraus einen sehr bekömmlichen Likör brauten, den sie als Einschlafhilfe benützten.

Lavendula

10 Zweige Lavendelblüten werden mit 1/2 Liter Ansatzbranntwein (80% Vol.) in ein Glas mit Schraubverschluss gegeben und etwa 10 Tage an einem sonnigen Platz aufgestellt. Täglich aufschütteln. Nach dieser Zeit abseihen. Aus weiteren 10 Zweigen Lavendelblüten bereiten Sie bitte einen Tee, den Sie 15 Minuten ziehen lassen, ehe Sie mit Honig nach Geschmack süßen. Beide Auszüge mischen und bei nervösen Schlafstörungen einen Stamper davon trinken, ehe Sie sich zur Nachtruhe begeben.

Da alle in diesem Kapitel angegebenen Heilliköre fast keine Kalorien haben und nur eine sehr geringe Anzahl an Alkoholgehalt, besteht keine Gewöhnungsgefahr.
Kennen Sie das Gefühl, wenn der Tag sehr stressig war und man am Abend die Gedanken nicht abschalten kann, dann hilft Ihnen folgendes Getränk:

Zwiebelwein

500 g Zwiebeln werden geschält und sehr klein geschnitten. In eine Flasche mit großer Öffnung geben und mit Süßweinresten (Vermouth oder anderem süßem Tischwein) bedecken. Mit Honig nach Wunsch abschmecken und 2 Wochen ziehen lassen. Nach dieser Zeit filtern und auf Flaschen ziehen.

Tipp! Nach dem Frühstück 1/16 Liter von diesem Getränk zu sich nehmen, damit Ihr Tag in Ruhe und ohne Stress abläuft! Eignet sich auch für Kinder bei Prüfungsangst!

Honig-Apfelsinen-(Orangen-)Likör

Zutaten:
300 g frischer dunkler Waldhonig
0,7 l frischer Orangensaft
0,3 l Obstbrand mit 38% Vol.

Der Orangensaft wird aufgekocht und noch warm mit dem Honig (im Standmixer auf höchster Stufe) gemischt. Nach dem Erkalten mit dem Obstbrand mischen und in dunkle Flaschen abfüllen.

2. Kapitel

FÜR DEN MAGEN UND DEN DARM

Leiden Sie unter krampfartigen Beschwerden im Bereich der Galle oder der Gallenwege, so gibt es ein Kraut, aus dem sich ein wunderbares Mittel dagegen bereiten lässt. In jeder Apotheke gibt man Ihnen gerne ein Kraut, welches Ihnen, richtig zubereitet, einen sehr guten Erfolg verspricht!

Erdrauchlikör

Nehmen Sie 2 Hand voll Erdrauchkraut und kochen Sie damit einen kräftigen Tee. Lassen Sie alles mit Zucker so lange aufkochen, bis ein Sirup entsteht. Diesen Sirup mischen Sie nun auf folgende Weise: Geben Sie zu 3/4 Liter Sirup 1/4 Liter Korn mit 38% Vol. und verschließen Sie die Flasche luftdicht.

Tipp! Bei kolikartigen Schmerzanfällen genießen Sie einen kleinen Stamper dieser Mischung! Ebenso bei krampfartigen Beschwerden im Magen-Darm-Trakt!

Fencheltraum

Bereiten Sie aus Fenchelsamen und einigen -blättern sowie 1/4 l Obstler einen Auszug, den Sie luftdicht verschlossen 3–4 Wochen an einem sonnigen Ort stehen lassen. 3-mal pro Woche aufschütteln und nach dieser Zeit durch einen Kaffeefilter filtrieren. Bereiten Sie aus 1 l Wasser und 700 g Zucker oder ebenso viel Honig einen Sirup, den Sie mit dem Fenchelauszug mischen. Nach einer Ruhezeit von 4 Wochen ist dieser feine Likör zum Genießen geeignet.

TIPP! Dieses Likörchen können Sie auch als schleimlösendes Mittel verwenden!

Milde Brombeere

Bereiten Sie aus 300 g Brombeeren und 1 Hand voll Brombeerblätter sowie 1 Liter Wasser und 1000 g Zucker einen Sirup, den Sie durch ein feuchtes Tuch filtern. Den gewonnenen Saft mit 1/2 Liter Weinbrand mischen und bei leichten Durchfällen am Abend ein Gläschen davon trinken, um eine ruhige Nacht zu verbringen.

TIPP! Auch bei entzündeter Rachenschleimhaut hilft ein Stamper von diesem Wundermittel!

Verstimmungen im Magen-Darm-Bereich sind nach fetten, kalorienreichen Essen nicht selten. Die besten Hausmittel dagegen sind noch immer selbst bereitete Kräuterelixiere mit geringem Alkoholgehalt, die auch nach einem ausgiebigen Geschäftsessen genossen die Fahrtüchtigkeit nicht beeinträchtigen.

Fettkiller

Zutaten:
1 l Weinbrand
100 g Pomeranzenschale (Apfelsinen-, Orangenschale)

Die Gewürze werden mit dem Weinbrand angesetzt und für einige Tage an ein Sonnenfenster gestellt. Dabei öfter aufschütteln. Den Zucker mit der Wassermenge zu einem Sirup dick einkochen. Nach dem Erkalten alles zu-

6 g Zimtstange
4 g Neugewürz (Kardamom)
24 g Sternanis
30 g rotes Sandelholz
250 g Zucker
1/2 l Wasser

sammenmischen und bei schwerem Magen ein Schlückchen genießen.

TIPP! Dieses angenehm schmeckende Getränk hat nur 18% Alkoholgehalt und ist jedem klaren Obstbrand vorzuziehen!

Echter Magentrost

Zutaten:
500 g Zucker
2 l klarer Alkohol (Obstler, Wodka usw.)
12 g Sternanis
8 g normaler Anis
7 g Alantwurzel
4 g Tausendguldenkraut
50 g Pomeranzenschale (Apfelsinen-, Orangenschale)
7 g Enzianwurzel
4 g Weinstein

Alle Kräuter mit dem Alkohol übergießen und 4 bis 5 Wochen an einem warmen, aber nicht sonnigen Platz stehen lassen, dabei täglich aufschütteln. Kochen Sie die Zuckermenge mit ebenso viel Wasser zu einem Sirup. Nach dem Erkalten den Sirup und den Kräuterauszug zusammenmischen. Der nun entstandene Trunk beruhigt Ihren Magen und sollte jeweils in kleinen Mengen vor dem Essen genossen werden.

Ein weiterer Magen- und Krampflöser ist der Wermut. Der Geschmack ist zwar sehr bitter, aber das Endprodukt ist unheimlich wirksam.

Wermutbitter

Zutaten:
1 l hochprozentiger Alkohol (Weingeist, Ansatzkorn 80–96% Vol.)
4 g Wermut
4 g Tausendguldenkraut
4 g Benediktenkraut
1 Zimtstange
4 g Veilchenwurzel
40 g Pomeranzenschale (Apfelsinen-, Orangenschale)
2 g geriebene Muskatnuss
250 g Zucker
1/2 Liter abgekochtes Wasser

Die Gewürze werden in den Alkohol geschüttet und das Ganze in einem Gurkenglas mit Schraubverschluss 2 bis 3 Wochen an einem warmen und eher dunklen Platz aufbewahrt. Nach dieser Zeit alles durch einen Kaffeefilter seihen und die angegebene Zuckermenge mit dem Wasser zu Sirup verkochen. Beide Flüssigkeiten mischen und auf kleine dunkle Fläschchen (vom Hustensaft) ziehen.

Tipp! Diese Flaschen gehören in den Arzneischrank und nicht in die Hausbar! Der Magenbitter ist so geschmacksintensiv, wie der Name andeutet, ist aber auch außerordentlich wirksam!

Ebenfalls aus Frankreich kommt das nächste Elixier! Bei Magen- und Darmbeschwerden sollten Sie mehrmals am Tag einen Esslöffel davon zu sich nehmen.

Angelique

Zutaten:
60 g Angelikawurzel
1 l Wein, der auch von minderer Güte sein kann

Bitte schneiden Sie die Angelikawurzel in kleine Stücke und legen Sie diese in den Wein. Nach 2 Tagen geben Sie den Anis dazu. Nach weiteren 2 Tagen kann man den Wein absei-

2 g Anisgewürz
Honig nach Geschmack

hen, mit Honig abschmecken und bei Bedarf 1 EL davon einnehmen.

Verdauungsdrink

Zutaten:
20 g Enzianwurzel
30 g Wermut
30 g Tausendguldenkraut
15 g ganzer Kümmel
5 g Malvenblatt
1/8 l weißer Rum
200 g Zucker
1 l Wasser

Bereiten Sie aus den Kräutern und dem Wasser einen Auszug, den Sie bitte 5 Minuten wallend kochen und weitere 10 Minuten ziehen lassen. Den Zucker in die noch warme Mischung einrühren. Nach dem Erkalten mit dem weißen Rum mischen. In heiß ausgespülte Flaschen mit Schraubverschluss füllen und vor der Mahlzeit ein kleines Gläschen davon trinken.

Tipp! Dieser feine Verdauungslikör hat nur 8% Alkoholgehalt, also weniger als 1 Flasche Bier!

Oft nach zu fettem, schwerem Essen stellen sich Blähungen ein. Das ist nicht nur unangenehm für die Person selbst, die darunter leidet, sondern oft auch für die Umgebung.
Nach vielen Probemischungen habe ich nun die richtige Mischung für einen feinen Likör gefunden.

Kümmelchen

Zutaten:
25 g ganzer Kümmel
20 g Pfefferminze
20 g Kamille

Die Gewürze in ein großes Gurkenglas schütten, mit dem Wodka übergießen, warm und sonnig aufstellen und nach 4 Wochen abseihen. Wasser mit Zucker zu einem Sirup verko-

20 g Angelikawurzel
15 g Anis
1/2 l Wodka
200 g Zucker
1 l Wasser

chen. Nach dem Erkalten beide Essenzen vermischen und auf Flaschen ziehen.

Thymos ist das griechische Wort für Mut und die Spartaner bekränzten sich mit Thymian, ehe sie in die Schlacht zogen, um mehr Mut und Ausdauer zu haben. Kraft und Ausdauer für den Magen gibt Ihnen auch der nächste feine Likör.

Thymianlikör

Frische blühende Thymianzweige werden in 1/4 Liter weißen Rum gelegt und 1 Woche an ein Sonnenfenster gestellt. Danach durch einen Kaffeefilter laufen lassen. 1 Liter naturtrüber Apfelsaft wird mit Zucker nach Geschmack aufgekocht und nach dem Erkalten mit dem Auszug gemischt. Bei Unpässlichkeiten des Magens hilft schon ein kleiner Schluck.

TIPP! Sie können auch Birnensaft verwenden oder süßen Most, der nicht mehr gärt!

Achtung: *Beim nächsten Rezept verwenden Sie nur den in jedem Gemüsegeschäft erhältlichen Gemüserhabarber, da die Rhabarberwurzel stark abführend wirkt und nicht ohne ärztliche Kontrolle genossen werden darf.*

Rhabarberlikör

5 Stangen küchenfertig gerichteten Rhabarber in kleine Stücke schneiden und mit Wasser und Zucker nach Geschmack sowie den Saft einer Zitrone weich kochen. Wenn der Rhabarber weich ist, wird geseiht und der Saft nach nochmaligem Verkosten sirupartig reduziert (ergibt ca. 1 1/2 Liter Saft). Der fertige, abgekühlte Sirup wird nun mit 1/2 Liter Weinbrand gemischt und auf Flaschen gezogen.

TIPP! Dieser Likör hilft Ihnen schnell bei Magen- und Darmreizungen, da er schmerzlindernd und leicht abführend wirkt!

Sollten Sie jedoch an Durchfallbeschwerden leiden, hilft Ihnen am besten die Blaubeere (Heidelbeere) aus meinem nächsten Rezept.

Blaubeerlikör (Heidelbeerlikör)

Zutaten:
1000 g Blaubeeren (Heidelbeeren)
1/2 l hochprozentiger Alkohol (96% Vol.)
4–5 EL Honig
1 l Wasser

Die sorgfältig verlesenen Blaubeeren (Heidelbeeren) werden gewaschen und gut zerdrückt. In ein Gurkenglas mit Schraubverschluss füllen, mit Alkohol abdecken und luftdicht verschließen. 5 Wochen an einen sonnigen Platz stellen und dabei öfter aufschütteln. Zucker und Wasser zu einem Sirup kochen. Nach dem Erkalten beide Säfte mischen, auf Flaschen ziehen und lagern.

Tipp! Je länger Sie lagern, umso schmackhafter wird der Likör, von dem Sie sich täglich vor dem Frühstück einen kleinen Stamper genehmigen sollten! Da dieser Likör *nicht* alkoholreduziert ist, sollten Sie mit der Wahl der Stampergröße vorsichtig umgehen, um keine Angst vor einer späteren Autofahrt zu haben!

Haben Sie schon einmal probiert, einen hauseigenen Magenbitter anzusetzen und damit neue Freunde zu gewinnen? Hiermit verrate ich Ihnen mein Geheimrezept, welches in großen Mengen angemacht wird, um mit jeden Tag der Lagerung besser zu schmecken.

Hausgeist

Zutaten:
4 l Alkohol (96% Vol.)
1000 g Zucker
8 g Weinstein
8 g Tausendguldenkraut
15 g Alantwurzel
15 g Enzianwurzel
24 g Sternanis
8 g normaler Anis
100 g Pomeranzenschale (Apfelsinen-, Orangenschale)

Alle Gewürze in den Alkohol schütten und darin 4 bis 5 Wochen mazerieren (auslaugen). Der Zucker wird mit 1 Liter Wasser zu Sirup verkocht und nach dem Erkalten mit dem abgeseihten Alkohol vermischt und auf luftdicht verschließbare Flaschen gezogen.

Tipp! Dieser feine Kräuterbitter ist ein eher hochprozentiger Likör, der nur am Abend genossen werden sollte!

Schafgarbenlikör

Nehmen Sie bitte 2 Hand voll rosa Schafgarbenblüten und lassen Sie diese einige Tage im Schatten übertrocknen. Nun in ein Glas mit Schraubverschluss geben und mit Obstbrand (40% Vol.) übergießen, sodass alle Blüten bedeckt sind. Nun sollte diese Mischung an einem kühlen Ort mindestens 1 Woche rasten. Nach dem Abfiltern wird in eine neue Flasche gefüllt. Dieser Ansatz sollte nun ruhig stehen, damit er klären kann. Nach 2 Wochen durch einen Kaffeefilter laufen lassen und nach Geschmack mit Zuckersirup verdünnen. Je mehr Zuckersirup Sie zufügen, umso alkoholärmer wird dieser feine Likör.

Tipp! Dieser krampflösende Likör sollte in jedem Haushalt vorhanden sein, damit er bei Magenkrämpfen sofort helfen kann! Wenn Sie den Ansatz im Juni zubereiten, haben Sie die richtige Zeit erwischt, um die Schafgarbe in voller Blüte zu erleben!

Bei übersättigtem Magen und Sodbrennen hilft mein sehr gesunder

Nussschnaps

Zutaten:
20 grüne Walnüsse
1 l Holundersaft
1 l Wodka

Im Juli sind Walnüsse am besten zu ernten, denn dann sind ihre Schalen noch dick und grün. Die darin enthaltenen Nüsse lassen sich aber noch sehr gut teilen. Die Walnüsse in klei-

Bitterapfelsinen-(Bitterorangen-)Likör

(siehe auch Rezept auf Seite 37)

Honey-Lemon-Drink
(siehe auch Rezept auf Seite 43)

Erdbeertrunk
(siehe auch Rezept auf Seite 44)

Likör im Wechsel

(siehe auch Rezept auf Seite 49)

ne Stücke schneiden und in einem luftdicht verschließbaren Glas mit dem Wodka übergießen und zuschrauben. So lange in der Sonne stehen lassen, bis der Ansatz dunkel geworden ist. Abfiltern und in eine neue Flasche umfüllen. Nochmals 2 Wochen rasten lassen. Danach mit dem Holundersaft mischen und auf Flaschen ziehen.

TIPP! Dieser sehr herb schmeckende Likör sollte bei keiner Frühjahrskur fehlen, um Ihren Magen wieder ins rechte Gleis zu bringen! Vorsicht, sehr bitter und gewöhnungsbedürftig! Wenn die Möglichkeit besteht, dann gleich mehr Vorrat anlegen, da der Likör eine unbegrenzte Haltbarkeit hat!

Nicht alles Gesunde schmeckt auch gut, wie Sie ja sicherlich schon nachgelesen haben. Darum möchte ich an das Ende des Kapitels einen Schnaps stellen, der ungezählte Wirkstoffe wie Vitamine, Kalium, Schwefel, Bitterstoffe und Schleimstoffe hat. Er eignet sich zu jeder Entschlackungskur, und wenn Sie es fertig bringen, täglich 1 Stamper davon zu trinken, fühlen Sie sich wie neu geboren.

Löwenzahnschnaps

Zutaten:
40 schöne Löwenzahnblüten, am besten im Frühjahr geerntet
1 l Wodka

Die gewaschenen, gut abgetropften Löwenzahnblüten werden mit dem Wodka in einem Gurkenglas angesetzt. Nach 6 Wochen – in denen der Ansatz an einem dunklen ruhigen Ort gelagert wurde – kann man abseihen und auf dunkle Flaschen ziehen.

Tipp! Löwenzahn ist das Gesündeste, das die Natur zu bieten hat, und von diesem Wissen sollten Sie profitieren!

3. Kapitel

Kreislaufbeschleuniger und Muntermacher

Zuerst 2 Rezepte von kreislaufstärkenden Mitteln, die mit Wein zubereitet werden.

Herzwein

Zutaten:
1 l Weißwein
1 EL Essig
12 Stück Petersilienkraut

Diese Mischung aufkochen, nach dem Auskühlen etwa 300 g Honig einrühren. Dieser Wein soll stamperweise zur Kreislaufbeschleunigung getrunken werden.

Bärlauchschnaps

Ein großes Gurkenglas mit Bärlauchblättern füllen und mit Korn (40% Vol.) abdecken. 14 Tage an einem sonnigen Platz ziehen lassen. Der Auszug sollte hellgrün sein. 1 Liter Wasser mit 250 g Zucker zu einem Sirup dick einkochen und beides nach dem Erkalten sorgfältig filtern und zusammenmischen.

TIPP! Und morgens, auf nüchternen Magen, einen kleinen Stamper davon genießen.

Weißdornwein

Setzen Sie bitte einen Auszug aus Blüten, Früchten von Weißdorn nach Ihrer Wahl an, den Sie mit Zucker oder Honig mischen und so lange rühren, bis sich der Honig oder der Zucker aufgelöst hat. Dann auf Flaschen ziehen (abfüllen) und einen kleinen Stamper bei Bedarf am Morgen trinken.

Ein richtiger Kreislaufbeschleuniger wird uns von Mutter Natur geliefert. Denn nichts ist so wirksam wie reine Kräuterauszüge, zu feinen Alkoholmischungen zusammengestellt.

Bitterapfelsinen-(Bitterorangen-)Likör

Zutaten:
30 g Bitterpomeranzenschale (Bitterapfelsinen-, -orangenschale)
10 g Enzianwurzel
30 g Hagebutte
30 g Schafgarbenkraut
1 1/2 l Pomeranzensaft (Apfelsinen-, Orangensaft)
Honig oder Zucker nach Bedarf
1/4 l Ansatzkorn (80% Vol.)

Alle Kräuter mit dem Alkohol in ein Glas mit großer Öffnung schütten (Gurkenglas) und mindestens 4 Wochen ruhig stehen lassen. Nach dieser Zeit durch ein feuchtes Leinentuch seihen. Aus dem Pomeranzensaft (Apfelsinen-, Orangensaft) und Honig oder Zucker einen Sirup kochen. Nach dem Erkalten auf Flaschen ziehen und vor den Mahlzeiten einen kleinen Stamper davon trinken.

TIPP! Manche Menschen, speziell ältere, verspüren nach dem Essen ein gewisses Schlafbedürfnis! Dieser Likör hilft Ihnen, fit und in Form zu bleiben!

Wieder einmal ein Rezept aus den Händen meiner Freundin Ruth aus Oregon. Wenn es im Umkreis eine Barbecue-Party gibt, dann bereiten alle Frauen diesen Kräftespender zu:

Sleepless

Zutaten:
20 g Stolzer Heinrich (Johanniskraut)
25 g Melissenblatt
30 g Pfefferminzblatt
5 g Malvenblatt
5 g Ringelblume
1 l Holundersirup
1 l Whisky

Die Kräuter in Whisky einlegen und nach 5 Wochen, während denen immer wieder aufgeschüttelt wurde, abseihen. Den Kräuterwhisky mit dem Holundersirup mischen und fertig ist ein wunderbar fruchtiges Likörchen, welches alle Ihre Freunde begeistern wird.

Tipp! Meine Freundin schreibt noch in einem Nachsatz, diese Art von Muntermacher hätte sie auch mit anderen Fruchtsäften angesetzt, also ausprobieren!

Honig ist ja bekanntlich ein so genannter Nervenmantel, darum ist auch der Verbrauch von Honig in der Likörerzeugung vorzuziehen, speziell wenn es sich um medizinische Kostbarkeiten handelt. Der folgende Kräuterauszug ist ein richtiger Muntermacher und Kreislaufbeschleuniger.

Guggis Muntermacher

Zutaten:
2 l Wasser
250 g Honig
1 l Rum
30 g Mistelkraut
30 g Weißdorn
20 g Rosmarin
15 g Löwenzahnwurzel
5 g Ringelblume

Die Kräuter im Wasser aufkochen und 10 Minuten ziehen lassen. Durch einen Kaffeefilter ablaufen lassen. Den Honig leicht erwärmen und im Rum verrühren. Nach dem Kaltwerden beide Säfte zusammenmischen und in Flaschen abfüllen. Luftdicht verschlossen hält dieser feine Rumlikör mindestens 2 Jahre.

TIPP! Genießen Sie diesen Likör in geringer Menge nach einer sportlichen Betätigung, um rasch wieder fit zu sein!

Nach langen, schweren Exerzitien in italienischen Abteien bereiteten sich die Patres einen stärkenden Trank zu, dem sie folgenden Namen gaben:

Vinum Sanctum (Heiliger Wein)

Zutaten:
2 l fein vergorener Wein von Güte – welcher Art sei egal
50 g Kamomill (Kamille)
60 g Tausendguldenkraut
50 g der klein gehackten Pomeranzenschale (Apfelsinen-, Orangenschale)
gut gepresster Saft von 3 Pomeranzen (Apfelsinen, Orangen)

Gebet in ein Emmchen (kleines Fässchen mit 12 Liter Inhalt) mit festem Verschluss den Saft der Pomeranzen, die übrigen Beigaben und den Wein zu einem Sud ansetzen. Belasset alles für 1/3 des Mondes (10 Tage) an der Sonne stehen. Nach dieser Zeit mit dem Hebglas (Weinheber) in Buddeln (kleine bauchige Flaschen) füllen.

TIPP! Buddeln sind kleine bauchige Flaschen, die Sie beim Weineinkauf nicht wegwerfen, sondern immer sauber bereithalten sollten! Denn Wein in diesen Flaschen aufbewahrt, behält lange seinen vollmundigen Geschmack! Zur Kräftigung verabreichen Sie 1 Woche lang mittags und abends ein Likörglas!

Wenn Sie nach einer Party die berühmte verrauchte Stimme haben, sei es vom aktiven oder passiven Rauchen, und der Kopf wird nicht frei, dann gibt es einen feinen Likör, der immer hilft, wenn Sie einen kleinen Stamper davon zu sich nehmen.

Gurkenlikör

Der Saft und das klein geschnittene Fruchtfleisch von 5 Salatgurken wird in einem Glas mit Schraubverschluss in 1/2 Liter Korn (40% Vol.) angesetzt und 10 Tage an die Sonne gestellt. Nach dieser Zeit abseihen und mit Honig nach Geschmack und 1/2 Liter Branntwein (40% Vol.) mischen. Bei Bedarf ein kleines Schlückchen davon trinken, um die Bronchien frei zu bekommen.

TIPP! Dieser starke Likör ist nicht nur ein Bronchienreiniger, sondern bekämpft auch jeden Kater besser als ein Hering und sollte am Morgen nach einer Feier noch im Bett getrunken werden! Nach dem Trinken nochmals umdrehen und ein Stündchen weiterschlafen!

Nun zwischendurch noch ein Wundermittel, das eigentlich nichts mit Likör zu tun hat, Ihren Kreislauf aber trotzdem angenehm beschleunigt und ein Essen zu zweit erst reizvoll macht.

Zitronen-Oliven

Beträufeln Sie grüne kernlose Oliven, die Sie in einer Glasschüssel servieren, mit Zitronensaft und stecken Sie in jede Olive einen Zahnstocher zur leichteren Entnahme.

TIPP! Diese Oliven haben durch die Beigabe von Zitronensaft eine kreislauffördernde Wirkung, die speziell der partnerschaftlichen Beziehung zu Gute kommt!

Sicher wissen Sie um die kreislaufbelebende Wirkung der Tomate Bescheid und so möchte ich Ihnen mein Hausmittel eines Tomatenlikörs vorstellen.

Guggis Tomatenlikör

Bereiten Sie im Entsafter einen Tomatensaft (ca. 1 1/2 Liter). Lassen Sie diesen Saft mit 250 g Honig aufwallen und erkalten. Diesen Tomatensirup im kalten Zustand mit 1/2 Liter Wodka mischen. Am Morgen nach dem Jogging einen Stamper davon trinken und Ihre innere Uhr wird sich bedanken.

TIPP! Ich setze immer etwas Honig an diesen Likör, um die Bitterfaktoren auszuschließen. Von diesem Likör, noch etwas mehr verdünnt, haben auch meine Kinder einmal die Woche einen Stamper vertragen und sind bis heute keine Alkoholiker geworden!

Galgant wirkt nicht nur stimulierend auf den Magen, sondern auch kreislaufanregend. In der chinesischen Medizin sagt man: „Oh ihr Frauen des Hauses verwendet Ingwer und Galgant, wenn eure Männer auskühlen!“

Galganttrank

Aus der getrockneten Galgantwurzel, die im Mörser fein zerrieben wird, nehmen Sie bitte 1 EL je Tasse und bereiten einen Tee. Nach dem Abkühlen seihen, mit Honig und Weinbrand nach Geschmack mischen.

Tipp! Dieses Getränk eignet sich sehr gut bei Unterleibsbeschwerden durch Verkühlung sowie auch bei anderen Erkältungserscheinungen!

Löwenzahngemenge

Sammeln Sie bitte vor der Blüte frische, junge Löwenzahnblätter und trocknen Sie diese. 3 EL frische Löwenzahnblätter geben Sie bitte in ein Glas mit Schraubverschluss und bedecken es mit Obstbrand. 14 Tage an einem sonnigen Ort aufstellen und täglich aufschütteln. Kaufen Sie bitte 1 Liter Kirschensaft, den Sie mit 4 EL Honig aufkochen und etwas eindicken lassen. Nun beide Mischungen nach dem Erkalten zusammenfügen. Die getrockneten Blätter für eine Winterkur aufheben.

Tipp! Diese Blätter sind reich an Vitamin C und Carotinoiden. Das dient zur Anregung der Nierentätigkeit und hilft gegen Leber- und Gallebeschwerden!

Als Nächstes hier ein Drink, den Sie kalt genießen können und der Ihren Kreislauf an heißen Tagen wieder in Schwung bringt. Dieser Drink ist für Kinder gut geeignet, denn er kommt ohne Alkohol aus.

Honey-Lemon-Drink

Zutaten:
3 EL frisch geriebene Limonenschale
500 g Akazien- oder Thymianhonig
1 l kochendes Wasser
1 l frisch gepresster Limonensaft
Eiswürfel zum Servieren

Die Limonenschale mit dem Honig in kochendem Wasser gut verrühren. Ist die Mischung erkaltet, mit dem Limonensaft mischen und im Eiskasten aufbewahren.

TIPP! Dieser Saft hat keine Haltbarkeitsangabe, muss also sofort verbraucht werden! Bei Kindern oder Enkelkindern sollte das aber kein Problem sein! Außerdem wirkt sich der Honig im Getränk wohltuend und beruhigend auf die vom Schulstress geplagten Kinder aus!

Noch ein Kindergetränk möchte ich Ihnen aufschreiben, denn die schulischen Anforderungen an unsere Kinder sind sehr hoch. Darum beginnen viele schon im Kinderalter zu Tabletten zu greifen, speziell wenn manche Mütter diesen Unsinn auch noch unterstützen. Aber auch dieses Getränk soll bitte noch am selben Tag verzehrt werden.

Erdbeertrunk

Zutaten:
500 g frische Erdbeeren in Scheiben geschnitten
200 g Honig
400 ml Pomeranzensaft (Apfelsinen-, Orangensaft)
500 ml Ananassaft
1 l Milch

Im Aufsatz des Mixers werden alle Zutaten so lange gemixt, bis eine glatte und cremeartige Mischung entsteht.

TIPP! In diesem für Kinder und Jugendliche vitaminreichen Getränk ist eine Reihe von natürlichen Zusatzstoffen enthalten, die es auch gestatten, an sehr heißen Tagen ohne eine weitere Mahlzeit auszukommen!

Dem Kürbis wird heute in der Medizin sehr viel Zeit und Literatur gewidmet. Auch ich möchte Ihnen ein Kürbisrezept darbringen, welches Ihre körperlichen Kräfte erhöht.

Stärkender Kürbiswein

Zutaten:
1500 g Kürbis
1 l Apfel- oder Birnenmost gesüßt
200 g Honig
3 Zitronen
1 Zimtstange
Saft und Schale von 3 unbehandelten Zitronen

Der Kürbis wird geschält und klein gewürfelt und mit allen anderen Zutaten aufgekocht und abgekühlt. Abseihen und entweder gleich mit Eiswürfeln genießen oder mit 1/4 Liter Obstbranntwein (40% Vol.) versetzen und auf Flaschen ziehen.

TIPP! Kürbis belebt nicht nur den Körper, auch der Geist wird durch die Gabe von Kürbis gestärkt bzw. aufgehellt!

Grüne reife Feigen ergeben eine Spezialität, die Sie sich nicht entgehen lassen sollten. Schon im Inkareich gab es angeblich Feigenbäume, deren Früchte nur den Königen vorbehalten waren.

Feigenlikör aus grünen Feigen

Zutaten:
500 g kleine grüne frische Feigen
250 g Kristallzucker
1 Vanilleschote
1/2 l günstiger Weinbrand
1/2 l Wasser

Die Feigen werden gewaschen und die Enden abgeschnitten. In einem Glas mit Schraubverschluss die Feigen und den Weinbrand ansetzen. 1 Woche an einem sonnigen Ort stehen lassen und dabei des öfteren aufschütteln. Das Wasser mit der Zuckermenge aufkochen und nach dem Erkalten beide Säfte zusammenmischen.

TIPP! Dieser Feigenlikör soll angeblich zur Ausschüttung der männlichen Sexualhormone beitragen, wie auch schon in alten Inkaschriften festgehalten wird. Am Abend nach einem guten Essen zu zweit ist davon ein Gläschen bestimmt von Vorteil.

Nicht umsonst sagt man in Großbritannien „An apple a day keeps the doctor away" (ein Apfel täglich hält den Arzt fern!). Speziell die unter der Apfelschale liegenden Vitamine sollten wir kräftig nützen.

Apfel mit Geist

Zutaten:
1 l naturtrüber Apfelsaft
1 l 100% reiner Apfelsaft
150 g getrocknete Apfelschale
1 l Korn (40% Vol.)
3 cm Zimtstange
3 Gewürznelken

Legen Sie bitte die Apfelschalen mit den Gewürznelken und der Zimtstange in ein weithalsiges Glas mit Schraubverschluss (Gurkenglas). Lassen Sie dieses an einem sonnigen Platz stehen, bis der Korn hellgelb geworden ist. Beide Apfelsaftmengen in einem Topf aufkochen und kalt rühren. Alles mischen und auf Flaschen ziehen.

TIPP! Ihren Kindern geben Sie bitte das fertige, *ohne Alkohol* versetzte Getränk! Sie selbst erfreuen sich an dieser Vitamin-C-Bombe z. B. nach einer Salatplatte oder einem Rohkostmenü! Äpfel wirken nachweislich vorbeugend gegen Darmkrebs!

Können Sie sich vorstellen, dass Baldrian als Valeriana (die Wertvolle) als Allheilmittel galt. Die Pflanze wurde gegen Pest und Übelkeit sowie gegen Hexen und Dämonen eingesetzt. Kein Likör, jedoch Nervenstärker und Beruhiger sind:

Baldriantropfen

Bereiten Sie bitte einen Teeauszug aus 3 EL getrockneten Baldrianwurzeln, den Sie 5 Minuten aufkochen und erkalten lassen. Durch einen Kaffeefilter seihen oder durch ein reines Leinentuch pressen. Die gewonnene Saftmenge mit ebenso viel Korn oder Wodka (40% Vol.) mischen und bei Bedarf 15 Tropfen auf einem Zuckerwürfel einnehmen.

4. Kapitel

Nieren- und Blutreiniger

In dem Bereich Blutreiniger gibt es so viele Rezepte, die schon Überlieferungen unserer Großmütter sind. Ich weiß gar nicht, wo ich anfangen soll, aber ich werde Ihnen dazuschreiben, ob es sich um Blutreiniger bei Akne oder Menstruationsstörungen handelt oder eine andere Ursache vorhanden ist.

Allgemeine Blutreinigungskur

Mischen Sie bitte:
1 Teil Hagebuttenfrüchte
1 Teil Birkenblätter
2 Teile Ackerschachtelhalm
2 Teile Brennnesselblätter
4 Teile Löwenzahnwurzel mit Blättern (getrocknet gleich in der Apotheke abmischen lassen)

4 EL dieser Mischung mit 1 Liter kochendem Wasser übergießen und 15 Minuten stehen lassen. Dann durch einen Kaffeefilter laufen lassen und nach dem Abkühlen in eine Literflasche abfüllen und die Flasche mit Weinbrand auffüllen. Gut durchschütteln und stehend aufbewahren. Zur Blutreinigung eine Kur machen und jeden Abend einen Stamper vor dem Schlafengehen trinken, bis die Flasche leer ist.

Frauentee

Nehmen Sie zu gleichen Teilen:
Schafgarbenkraut
Johanniskraut
Lindenblüten
Frauenmantelkraut

Geben Sie von dieser getrockneten Mischung 4 EL in ein Ansatzglas mit Schraubverschluss und bedecken Sie alles mit Obstler (40% Vol.). Nun an einem sonnigen, sehr warmen Fensterplatz 4 Wochen stehen lassen. Nach dieser Zeit abfiltern und mit Zuckersirup aus 1 Liter Wasser und 500 g Zucker mischen. Von dieser Mischung sollten Sie bei starken Schmerzen einen kleinen Stamper trinken, jedoch nicht mehr als 2 pro Tag.

Wacholderbeerentraum

Bitte kochen Sie 4 EL Wacholderbeeren mit 1 Liter Wasser auf und lassen Sie dieses Gemisch 10 Minuten ziehen, ehe Sie abseihen. Dieses etwas bitter schmeckende Getränk erkalten lassen und dann mit 1/8 Liter Obstbrand mischen. Der Wacholderbeerentraum eignet sich, am Abend vor dem Zubettgehen genossen, sehr gut zur Desinfektion der Nieren.

TIPP! Sie können diesen Drink auch mit Honig mischen, aber die Wirkung auf die Niere ist dann nicht mehr so groß! Nicht länger als 10 Tage anwenden, dann unbedingt 1 Monat eine Pause einlegen!

Leider werden wir alle älter und die Wechseljahre verschonen keinen von uns. Damit auch diese Phase des Lebens so gut und schmerzlos an uns vorübergeht, hier ein selten zubereiteter Likör aus Kräuterauszügen, der hilft.

Likör im Wechsel

Zutaten:
20 g Passionsblume
25 g Stolzer Heinrich (Johanniskraut)
25 g Melissenblatt
25 g Schafgarbenkraut
5 g Malvenblatt
1 l Wasser
5 EL Honig

Die Kräuterauszüge mit dem Wasser zu Tee verkochen und nach dem Erkalten abseihen. Den Honig erwärmen und in den Wodka rühren. Möhren-(Karotten-)Saft langsam zugedeckt aufschäumen lassen, den Schaum abschöpfen und ebenfalls nach dem Kaltwerden mit dem Likōransatz mischen.

1/4 l Wodka
1 l Möhrensaft
(Karottensaft)

TIPP! Dieser feine Entspannungsdrink hat fast keinen Alkoholgehalt, ist mindestens 4 Wochen im Kühlschrank haltbar und unterstützt Ihre Abwehr der Wechselbeschwerden! Bei Herzrasen, Schwindelgefühl oder Schweißausbrüchen ein kleines Gläschen davon trinken!

Wer unter dem „süßen Fluss" (Diabetes mellitus) leidet, darf eigentlich auch ein etwas kräftigeres Gläschen Alkohol trinken, jedoch so wie alles andere mit Maß und Ziel. Da auch diese Krankheit mit unkontrollierten Schweißausbrüchen einhergeht, hier ein Likör, den man aber nur in geringen Mengen trinken sollte.
Die Hagebutte oder Rosa Canina (Hundsrose) hat ebenfalls schweißtreibende Wirkung und wird wegen ihres hohen Vitamin-C-Gehalts sehr gern bei Grippe eingesetzt. Einen feinen Likör aus Hagebutten habe ich Ihnen ja schon in einem anderen Buch vorgestellt, hier nun die gesunde Art davon.

Rosa Canina

Bereiten Sie aus 6 Beuteln Hagebuttentee und 1 Liter Wasser einen kräftigen Tee, den Sie bitte auskühlen lassen. Danach mit 1/2 Liter Obstbrand (40% Vol.) mischen. Nicht zuckern.

TIPP! Dieser nicht gezuckerte Hagebuttenschnaps wirkt am besten, wenn Sie morgens auf nüchternen Magen 1 kleines Gläschen davon trinken und sich noch für einige Zeit ausruhen können! Bedenken Sie aber, jede Krankheit gehört vom Arzt behandelt und mit Diabetes kann man das Leben zwar genießen, aber eine ständige Kontrolle ist notwendig!

Als Nächstes hier nun ein Vitamintrank aus Ihrem Garten oder aus dem Gemüsebereich Ihres Supermarktes, der ebenfalls reich an Vitamin C ist und an heißen Tagen den richtigen Ausgleich gibt.

Sellerielikör

2 Knollen Sellerie werden geschält und in Stücke geschnitten. Ebenso verfahren Sie mit 3 Äpfeln und einer Ananas. Geben Sie das Gemüse in einen Topf und bedecken Sie es mit Wasser, in das Sie den Saft einer Zitrone gepresst haben. Die gereinigten Sellerieblätter werden auch mit in den Topf gegeben. Alles zusammen aufkochen lassen und nach dem Erkalten abseihen. Den so gewonnenen Saft mit 3 bis 4 EL Honig und 1/8 Liter Rum mischen.

Tipp! Dieser nicht unbedingt wohlschmeckende Trunk eignet sich hervorragend zum Entwässern und bringt an heißen Sommertagen die Erleichterung vor Hitzestau! Wenn Sie die Wirkung noch verstärken möchten, streuen Sie viel klein geschnittene Petersilie auf den Drink!

In unserer Natur ist es so wunderbar eingerichtet, dass es fast für alle Wehwehchen ein gutes Gegenmittel gibt, so auch bei Bluthochdruck. Einige dieser Kräuter sind die Mistel, der Knoblauch, Liebstöckel oder Bärlauch. Diese Kräu-

ter sollten jedoch nicht mit Alkohol gemischt werden, da Alkohol den Blutdruck anhebt. Sind Sie ein starker Raucher, so bereiten Sie sich aus der Wurzel des Liebstöckels einen Auszug, den Sie kalt ansetzen und nach 10 Stunden abseihen und trinken. Auch nach starkem Alkoholkonsum ist dieser Trank wirksam. Obwohl dieser Likör keine geheimen Wirkstoffe hat, schreibe ich doch das Rezept dafür auf, denn er schmeckt einfach herrlich.

Kirschenlikör

Zutaten:
600 g Kandiszucker
17 g Zimtstange
30 Gewürznelken
700 g Pomeranzenschale (Apfelsinen-, Orangenschale)
30 Stück gedörrte fein zerstoßene Kirschen
1 1/2 Liter Obstbrand (40% Vol.)

Alles zusammen in eine weithalsige Flasche geben, an einem sonnigen Ort aufstellen und 4 Wochen unter oftmaligem Aufrütteln stehen lassen. Nach dieser Zeit durch ein feuchtes Leinentuch seihen und auf Flaschen ziehen.

Tipp! Sollte dieser Likör zu stark sein, können Sie mit abgekochtem Wasser den Alkoholgehalt mindern!

Gegen Schlaflosigkeit helfen Pomeranzen (Apfelsinen, Orangen) sehr gut. Ein feiner Likör aus Pomeranzenschalen fällt mir dazu ein.

Apfelsinen-(Orangen-)Schalen-Likör

Schälen Sie bitte 1000 g Pomeranzen und schneiden Sie die weiße Innenschale komplett heraus. Den Rest klein würfeln und in 1 1/2 Liter weißen Rum einlegen. Nach 4 Wochen an einem dunklen Ort wird geseiht. Der Saft der Apfelsinen (Orangen) wird mit Zucker oder Honig nach Geschmack aufgekocht und erkaltet mit dem Alkoholauszug gemischt.

TIPP! Schneiden Sie von einer weiteren Pomeranze die Schale in eine Spirale und halten Sie diese über den fertigen Likör! Nun die Schale anzünden, damit sich das Apfelsinen-(Orangen-)Öl löst und in den fertigen Likör tropft! Der so entstandene Geschmack ist unvergleichlich!

Jedes Jahr streckt sie ihre Fänge aus und jedes Jahr bringt sie neue Abarten hervor. DIE GRIPPE! Um den Anfängen zu wehren und vielleicht einen Besuch beim Arzt zu verhindern, hier ein sehr guter Genuss.

Lindenblütenlikör

2 Hand voll der frisch vom Baum gepflückten Lindenblüten werden mit 1 Liter Wasser zu einem kräftigen Tee gekocht. Nach dem Erkalten durch einen Kaffeefilter laufen lassen und mit Zucker oder Honig nach Geschmack süßen. Diese Mischung mit $^3/_4$ Liter Weinbrand mischen und in saubere Flaschen abfüllen.

TIPP! Diesen Likör können Sie abends vor dem Schlafengehen schluckweise genießen oder zu einem Glas Glühwein oder Punsch mischen!

Noch eine Art von Pfefferminzlikör möchte ich Ihnen in diesem Buch über gesunde Liköre vorstellen. Es ist dies die feine Art von Pfefferminzlikör, den Sie auch Gästen anbieten können, am besten mit Eiswürfeln oder aufgespritzt mit Sodawasser.

Likör aus Minzeblättern

Zutaten:
1 Hand voll Minzeblätter mit starkem Geschmack (am besten ist englische Minze)
3/4 l Wasser
3/4 l Weingeist (96% Vol.)
200 g Honig

Bitte legen Sie die Minzeblätter in ein Gurkenglas und übergießen Sie diese mit dem Alkohol. Nun 14 Tage an einem sonnigen Platz ziehen lassen. Nach dieser Zeit durch einen Kaffeefilter laufen lassen. Die Wassermenge mit dem Honig zu einem Sirup einkochen und nach dem Erkalten beide Flüssigkeiten zusammenmischen.

TIPP! Je länger Sie dieses Getränk in der Flasche aufheben, desto besser wird es! Sollte Ihnen die Farbe zu hell sein, helfen Sie ganz einfach mit einigen Tropfen Lebensmittelfarbe nach! Probieren Sie auch einmal die Minzeblätter mit frischen Erdbeeren und einigen Erdbeerblättern zu mischen, ehe Sie ansetzen, um eine Belebungskur zu starten!

Aus Damaskus kommt die Damaszener Rose zu uns und schon vor hunderten von Jahren besangen Dichter und Minnesänger nicht nur den Duft, sondern auch die stark erotisierende Wirkung dieser Rose. Aus den stark duftenden Blättern wird nicht nur Parfüm, Badeöl und Creme hergestellt, auch ein Getränk wurde überliefert.

Rosenlikör

Zutaten:
200 g unbehandelte, sehr stark duftende Blätter der Damaszener Rose
1/2 l fuselfreier Obstbrand oder Wodka (40% Vol.)
800 g Zucker
1 l Wasser

Die gewaschenen, vorsichtig verlesenen Rosenblütenblätter werden trocken getupft und in ein Glas mit Schraubverschluss gegeben. Nun kommt der Alkohol darüber und das Glas wird luftdicht verschlossen. An einem dunklen Ort für 4 Wochen aufbewahren. Nach dieser Zeit wird die Zuckermenge mit dem Wasser zu einem Sirup eingekocht. Den Alkohol-Rosenauszug abfiltern und mit dem Sirup mengen. Ist dies geschehen, auf Flaschen ziehen und kühl lagern.

TIPP! Eine einmal geöffnete Flasche muss rasch verbraucht werden, da dieser Likör an Geschmack verliert, wenn die geöffnete Flasche stehen bleibt! Ungeöffnet etwa 7 Monate haltbar! Ein Gläschen dieses feinen Getränks hellt Geist und Seele auf, wenn es am Abend vor einem Meeting genossen wird!

Nichts ist so begehrlich für Kinder, als mit den Eltern und Gästen ein Glas Alkohol zu trinken. Ein wunderbares Kräftigungsmittel, das schon von den Landfrauen des vorigen Jahrhunderts angewandt wurde, ist der alkoholfreie

Eierlikör für Kinder

Zutaten:
4 Eier
4 EL Honig

Eigelb und Eiweiß trennen und das Eiweiß zu steifem Schnee schlagen. Das Eigelb einrühren und die restlichen Zutaten zugeben. So lange

3/4 l Milch
das Innere einer Vanilleschote
1 Prise Muskatnuss
1 Prise Meersalz

rühren, bis die Mischung glatt ist – dieses Getränk mundet allen.

TIPP! Dieses Getränk ist nicht nur für Kinder eine Wohltat nach jeder Krankheit, sondern auch für andere rekonvaleszente Patienten geeignet! Durch die Zugabe von 1/4 Liter mildem Weinbrand kann der Geschmack noch erhöht werden, jedoch ist es für Kinder dann nicht mehr geeignet!

Ein wahrer Blutreiniger und noch dazu eine Vitaminbombe wird von mir so zubereitet.

Banana

Zutaten:
500 ml kalte Milch
200 ml Pflaumensaft
etwas Limonenlikör
250 ml kalter Pomeranzensaft (Apfelsinen-, Orangensaft)
2 EL Akazienhonig
1 Banane geschält und in Scheiben geschnitten

Alle Zutaten in einen Standmixer geben und auf großer Stufe glatt rühren. In ein Longdrinkglas geben und mit einem Schluck Limonenlikör abrunden.

TIPP! Dieses Getränk hat keine Haltbarkeit und eignet sich am besten als Einleitung für einen langen Abend mit Freunden! Aber auch bei einer Kinderparty, jedoch ohne Alkohol, ist dieses Getränk ein Gesundheitsbringer!

Zimt gilt als Geheimwaffe gegen Diabetes und so habe ich mir angewöhnt, Zimtkaffee zu trinken. Wenn man so wie ich an Altersdiabetes leidet, ist dieser aus koffeinfreiem Kaffee bereitete Genuss eine wahre Freude.

Diabetes-Kaffee

Geben Sie in den Filter Ihrer Kaffeemaschine 3 EL Schonkaffee (z. B. Kaffee Hag) und 1 KL Zimt. Nun den Kaffee wie gewohnt zubereiten und mit Zuckeraustauschstoff (Kandisin) und Halbfettmilch servieren.

Tipp! Auch auf einer weiten Autofahrt sollten Sie diesen Kaffee mitführen, denn er bringt den Kreislauf rasch wieder in Schwung! Nichtautolenker können mit einem kleinen Schuss Rum oder Weinbrand die Wirkung noch verstärken!

Schwarzdorn wirkt bei hartnäckiger Verstopfung sowie bei Harnproblemen. Auch als schweißtreibendes Mittel wird der Schwarzdorn gern verwendet und Blutreinigungskuren mit Schwarzdorn sind allgemein bekannt.

Schwarzdornlikör

Die reifen Schwarzdornfrüchte werden in ein Gurkenglas gegeben und mit so viel Obstbrand (40% Vol.) übergossen, dass alle Früchte bedeckt sind. Dieser Ansatz muss jetzt 1/2 Jahr stehen bleiben, ehe Sie abfiltern. Nach Ablauf dieser Zeit ist der Likör trinkfertig und kann sofort genossen werden.

TIPP! Sollte dieser Gesundheitslikör etwas zu scharf im Geschmack für Sie sein, so kochen Sie einfach etwas Wasser und Zucker zu einem Sirup, den Sie nach dem Erkalten mit dem fertigen Likör nach Geschmack mischen!

Schon Hildegard von Bingen wies darauf hin, wie sehr manche Frauen an Menstruationsbeschwerden leiden, und hat dagegen Frauenmantel gepriesen.

Frauenmantellikör

Bereiten Sie aus 5 EL Frauenmantelblüten (in der Apotheke oder im Reformhaus erhältlich) und 1 Liter Wasser einen Teeauszug, den Sie 10 Minuten ziehen lassen. Nach dieser Zeit abfiltern und mit Honig nach Ihrem Geschmack süßen. Mit 0,3 Liter Weinbrand zu einem feinen Likör mischen und abends vor dem Schlafengehen 1 kleines Gläschen davon trinken, um eine ruhige Nacht zu verbringen.

In vielen Gärten unbeachtet und doch so wertvoll in der Naturmedizin, ist wohl das Gänseblümchen.

Gänseblümchenwein

Eine Hand voll getrockneter Blüten und Blätter von Gänseblümchen werden mit 1 Liter Wasser zu einem Tee verkocht. Bitte 10 Minuten ziehen lassen und dann abfiltern. Nach dem Erkalten mit 1/2 Liter rotem süßem Traubensaft mischen. In eher kleinere Flaschen füllen.

TIPP! In der Volksmedizin verwendet man 1 Gläschen am Morgen als Stärkung bei Magen-, Galle- und Leberschwäche sowie zur Stoffwechselanregung! Bitte eine einmal geöffnete Flasche im Kühlschrank aufbewahren!

5. Kapitel

Vom Kopf bis zu den Zehen

Zur Stärkung der Abwehrkräfte bereiten Sie sich doch einen

Berberitzenlikör

2000 g Berberitzen werden durch den Fleischwolf getrieben und mit 1 Liter Wasser sowie 30 g Zitronensäure gemischt. 24 Stunden stehen lassen und dann abfiltern. Je Liter abgefiltertem Saft 1000 g Zucker zusetzen, abdecken und nochmals 24 Stunden stehen lassen. Dabei öfter fest aufrütteln, damit der Zucker zergeht. Nun den Saft brausend durchkochen und erkaltet mit 1/4 Liter Weinbrand mischen. Den so gefertigten Likör entweder pur oder im Morgentee genießen.

Wenn Sie einen Imker kennen, bereiten Sie sich doch das Wundermittel, welches schon Cleopatra kannte und genoss.

Propolisgeist

Propolis in Weingeist (96% Vol.) konzentriert ansetzen und mindestens 1 1/2 Jahre stehen lassen. Nach dieser Zeit durch einen Kaffeefilter fein ablaufen lassen und auf Flaschen ziehen. Diesen Ansatzlikör können Sie auch noch nach Geschmack mit Honig verfeinern. Da dieser Ansatzlikör nicht verdünnt ist, nur abends vor dem Schlafengehen genießen.

TIPP! Wirkt als Abwehr gegen Pilze, Viren und Bakterien jeder Art und stärkt generell die körpereigenen Abwehrkräfte!

Nicht nur Erwachsene, speziell Kinder haben öfter verschiedene Wehwehchen und so habe ich Ihnen ein altes überliefertes Rezept mitgebracht, das speziell als Haustee für Kinder gerühmt wird. In einem Nachsatz lese ich jedoch: „Allerley Schnapsl dazu gethan wirkt auch Wunder bey althe Leut!"

Kindermischung

Zutaten:
2 Teile Pfefferminzblätter
3 Teile Lindenblüten
3 Teile Fenchelfrüchte
3 Teile Hagebuttenfrüchte
6 Teile Kamillenblüten
8 Teile Melissenblätter

Alles zusammenmischen (Apotheke) und 4 EL voll davon auf 1 Liter Wasser 3 Minuten verkochen und dann 3 Minuten nachziehen lassen. Nach dieser Zeit abseihen. Mit Zitronen- oder Pomeranzensaft (Apfelsinen-, Orangensaft) sowie Honig nach Geschmack verfeinern und 1 Liter auf den Tag verteilt trinken.

TIPP! Mit $^{1}/_{8}$ Liter Rum gemischt, ergibt dieses Getränk einen feinen Likör, der stamperweise am Abend vor dem Schlafengehen genossen den Körper mit der Seele wieder in Einklang bringt!

Husten und Heiserkeit plagen viele von uns die meiste Zeit des Jahres. Nicht umsonst sagt ein altes Sprichwort: „Wo ein Holunderbusch im Garten wächst, braucht's keinen Arzt!" Darum mein nächstes Rezept mit Holunder.

Holunderbranntwein

3000 g Holunderbeeren, die sehr reif sein sollen, werden roh durch ein feuchtes Leinentuch gut gepresst oder entsaftet. Kochen Sie bitte 500 ml Wasser mit 200 g Zucker und der gleichen Menge Honig sowie einigen Gewürznelken und etwa 3 cm Zimtrinde zu einem Sirup. Nach dem Erkalten beide Säfte zusammenmischen. Die Zimtrinde und die Gewürznelken entfernen, da sie das Getränk sonst bitter werden lassen. Mit 1 Liter Weinbrand mischen und auf Flaschen ziehen.

Tipp! Jeden Tag, den Sie dem Likör Ruhezeit geben, dankt er mit besserem Geschmack und Gewinn an Güte!

Schon vor 150 Jahren erkannte man die heilsame Wirkung von Rettich. Als Magenstärker wurde er bei den feinsten Tafeln verwendet und als Aperitif vor dem Essen genossen. Auf dem Tisch gab es dann meistens einen Tonkrug mit Honig, um nach Geschmack zu süßen. Hier ein Originalrezept aus dem Jahre 1804.

Rettigvin (Rettichwein)

Ingredienzien:
Hiefür musst fein raspeln 80 g Rettig,
1 l Obstmost, selbiger soll vergoren seyn, aber noch süß,
und Bienensaim (Honig), wie dir schmeckt

Misch alles in ein Glas zusamm und verpech es gut. Nach dem siebenten Tag der Woche seich alles und trink davon eine kleine Meng nach gutem Mahl.

Likör aus Minzeblättern
(siehe auch Rezept auf Seite 54)

Banana
(siehe auch Rezept auf Seite 56)

Diabetes-Kaffee
(siehe auch Rezept auf Seite 57)

Eierlikör

(siehe auch Rezept auf Seite 72)

Ebereschenlikör

Zutaten:
2000 g Beeren der Eberesche
600 g Schattenmorellen
200 g Zucker
300 ml Wodka

Den durch Auskochen der Früchte oder Dampfentsaften gewonnenen Saft mit der Zuckermenge aufkochen und nach dem Erkalten mit dem Alkohol mischen. Luftdicht verschlossen hält sich dieser Likör mindestens 2 Jahre.

TIPP! Ein idealer Drink bei Erkältungskrankheiten, den man im Winter auch mit Früchtetee mischen kann!

Kornelkirschendrink

Die Früchte der Kornelkirsche geben einen wunderbaren Saft. Dazu geben Sie die gepflückte Menge in einen großen Topf, mit Wasser bedecken und weich kochen. Sehr gut abtropfen lassen und nach Geschmack mit Honig süßen. Ist dies geschehen, mit ebenso viel Wodka (38% Vol.) auffüllen und in saubere Flaschen füllen. Luftdicht verschließen.

TIPP! Der Kornelkirschensaft eignet sich sehr gut zu einer Frühjahrskur, um den Körper von Schlacken zu reinigen und zu entgiften! Je hochprozentigeren Alkohol Sie zugeben, um so länger ist das Endprodukt haltbar!

Meine Rotschwänzchen bringen mir wohl jeden Morgen ein Konzert. Jedoch, die Familie Rotschwanz nistet nicht nur bei mir im Schuppen und zieht dort ihre Jungen auf, sie fressen auch ganz frech meine Holunderbeeren. So führen wir jedes Jahr einen erbitterten Streit um den doch sehr mächtigen Holunderbusch und seine kleinen frechen Gäste. Wenn ich mich sehr beeile, kann ich gerade so viele Beeren pflücken, um ein feines Getränk anzusetzen, dessen Wunderwirkung schon Paracelsus erwähnte. Holunder ist reich an Vitamin C sowie an Vitamin A und wirkt lindernd bei Husten und grippalen Infekten.

Holundergeist

Kochen Sie am besten im Druckkochtopf 2500 g Holunderbeeren mit 2 Liter Wasser auf. Nach dem Signal noch weitere 5 Minuten auf kleiner Flamme köcheln lassen. Nun geben Sie das Innere von 2 Vanilleschoten, 2 bis 3 Gewürznelken und 600 g Zucker bei. Nochmals aufkochen lassen und durch einen Kaffeefilter seihen. Der gewogene Saft wird nun mit der gleichen Menge Ansatzbranntwein (mit 96% Vol.) gemischt und in saubere Flaschen gefüllt.

Tipp! Der Likör hat fast unbegrenzte Haltbarkeit und gewinnt mit jedem Jahr der Lagerung an Geschmack! Diesen Holundergeist können Sie auch im Tee verdünnen und er hat die gleiche Wirkung!

Nicht nur bei verschiedenen Anlässen ist ein gutes Gläschen gestattet, auch zwischendurch hilft Ihnen die Natur mit folgendem Getränk.

Brombeertraum

Geben Sie fertigen Brombeerlikör in ein Glas mit Eiswürfeln. Dazu mischen Sie 200 ml Milch, Zucker nach Geschmack und einen Eidotter. Fest umrühren und mit einem Strohhalm servieren.

Tipp! Verfeinern Sie doch diesen Drink einmal mit Zimt oder Muskat und Sie haben mit einem Rezept 3 verschiedene Geschmacksrichtungen!

Die Brombeere wirkt nicht nur blutzuckersenkend und blutreinigend, sondern auch harntreibend. Sollten Ihnen die vorhergehenden Rezepte nicht zugesagt haben, hier ein neues Brombeerrezept, welches am Abend genossen auch Einschlafschwierigkeiten beseitigt.

Brombeeren in Rum

Zutaten:
500 g frische Brombeeren
150 g Zucker oder
2 EL Honig
1 l Obstler (40% Vol.)

Alle Zutaten in ein weithalsiges Glas schütten und luftdicht verschließen. Nach 4 Monaten die Beeren abseihen und der Likör ist trinkfertig.

Tipp! Geben Sie doch einmal den Saft von 1 Pomeranze (Apfelsine, Orange) dazu, um eine andere Geschmacksrichtung zu haben! Außerdem haben Sie hier in diesem Drink Ihren Tagesbedarf an Vitamin C!

Rotdorn ist eine Beere, die viele gute Eigenschaften hat. Zuerst den Vitamin-C-Gehalt, dann die Zusammensetzung des Fruchtfleisches, das Flavonide und Ferrum (Eisen) enthält.

Rotdornlikör

1500 g Rotdornbeeren werden mit Wasser bedeckt und gut ausgekocht. Danach ordentlich seihen. Der gewonnene Saft wird mit Zucker oder Honig nach Geschmack verfeinert und nochmals aufgekocht. Nach dem Erkalten mit Bacardi-Rum auf 1 1/2 Liter Flüssigkeit auffüllen und in kleine saubere Flaschen füllen.

TIPP! Dieser nach Zitrone schmeckende Likör wird zum Verfeinern von Eis, Salaten, Saucen oder anderen Süßspeisen verwendet! Natürlich ist er aber auch pur zu genießen!

Aus dem England der Queen Viktoria stammt folgendes Rezept:

Jägerlatein

Zutaten:
1 l Rotwein
0,2 l Pomeranzensaft (Apfelsinen-, Orangensaft)
1 EL Zitronensaft
1 Zimtstange
3 Gewürznelken

Die ersten 7 Zutaten in einen Topf geben und auf mittlerer Hitze köcheln. Dann die Zimtstange, die Nelken und die Zitronen sowie die Pomeranzenschale abseihen. Nun wird der Honig in eine große Schüssel geleert. Der Rum kommt in eine Schöpfkelle (Schöpfer), wird darin angezündet und über den Honig gegossen, der daraufhin leicht karamellisieren soll.

1 unbehandelte und ungeschälte Zitrone geviertelt
1 unbehandelte und ungeschälte Pomeranze (Apfelsine, Orange) geviertelt
0,3 l Rum
250 g Honig

Danach den Honig in die Wein-Mischung geben und fest umrühren.

Tipp! Zum sehr raschen Verzehr bestimmt, da dieses Getränk keine Haltbarkeit hat!

Engelwurz

5 schöne, frisch geputzte Engelwurzstängel werden klein geschnitten und in 1/2 Liter Korn (40% Vol.) eingelegt. 1 Woche ruhen lassen und dann durch einen Kaffeefilter seihen. 1/2 Liter Wasser mit 3 EL Honig aufkochen und nach dem Erkalten mit dem Alkoholauszug mischen.

Tipp! Ein wenig davon mit Tee vermischt hilft garantiert bei jeder Grippe und beginnender Erkältung!

Traubenlikör

500 g Muskateller Trauben werden nach dem Waschen entkernt, geviertelt und in 2 Liter Traubensaft dann aufgekocht. Nach dem Er-

kalten abseihen und mit 1 Liter Ansatzkorn (80% Vol.) vermischen. Sofort in saubere, heiß ausgespülte Flaschen füllen und dunkel aufbewahren.

TIPP! Dieser Traubenlikör vor einer Party genossen, hebt die Laune und das Wohlbefinden!

Getrocknete Birnen, in Österreich und Bayern auch Kletzen genannt, ergeben einen Drink, welcher sehr gut gegen Verstopfung hilft.

Birnengeist

5 getrocknete Birnen werden klein geschnitten, mit Birnengeist (40% Vol.) übergossen und in ein Glas mit Schraubverschluss gegeben. Wenn der Birnengeist dunkelbraun geworden ist, sind die Birnen richtig ausgelaugt und der Trunk ist fertig. Bei Verdauungsschwierigkeiten sollte man am Abend ein Gläschen davon genießen.

TIPP! Für alle jene, die kein Gläschen pur genießen möchten, empfiehlt sich die Einnahme mit Tee.

6. Kapitel

GAUMENFREUDEN

Und nun, nach all den gesunden Sachen, um Ihnen einen guten Lebensablauf zu garantieren, die feinen Seiten des Likörs. In diesem Teil des Buches werde ich mich bemühen, alle Feinheiten der Likörwelt für Sie aufzuschreiben, die Sie verführen sollen, einen netten Abend mit Gästen, die ohne Auto unterwegs sind, zu verbringen.
Natürlich haben diese Liköre eine gewisse Anzahl an Kalorien mehr, aber bei einem Spaziergang sind diese gleich wieder abgebaut und zurück bleibt der feine Geschmack am Gaumen.
Nach folgendem Rezept bereiten Sie einen feinen hausgemachten

Eierlikör

Zutaten:
1/2 l Kaffeesahne (Kaffeeobers)
240 g Zucker
4 Eigelb (Eidotter)
2 Pckg. Vanillezucker
3/8 l Weinbrand

Mit dem Handmixgerät Dotter, Zucker und Vanillezucker 10 Minuten schaumig schlagen. Die gekochte und gut abgekühlte Milch mit dem Weinbrand verrühren und alles miteinander kräftig mischen. In Flaschen abfüllen, luftdicht verschließen und dunkel sowie kühl lagern.

TIPP! Nach etwa 12 Wochen ist dieser feine Eierlikör trinkfertig!

Blaubeer-(Heidelbeer-)Cremelikör

Zutaten:
500 g Blaubeeren (Heidelbeeren)
500 g Zucker
2 Gewürznelken
2 cm Zimtrinde

Die Blaubeeren (Heidelbeeren) werden mit dem Ansatzkorn in ein Gurkenglas geschüttet und an einem sonnigen Platz aufgestellt. Täglich durchschütteln, bis alle Beeren abgesunken sind und der Ansatz blau ist. Die Schlagsahne mit den Gewürznelken und der Zimtrin-

1/2 l Ansatzkorn (80% Vol.)
1/2 l Schlagsahne (Schlagobers)

de aufkochen und erkalten lassen. Danach die Gewürznelken und die Zimtrinde wieder entfernen und beide Auszüge langsam zusammenmischen. **Vorsicht, gerinnt leicht!** Und auf Flaschen ziehen.

TIPP! Bitte diesen Likör im Kühlschrank nicht länger als 8 Tage aufbewahren! Bereiten Sie eventuell nur immer die gewünschte Menge zum sofortigen Genuss!

Himbeercremelikör

Bitte bedecken Sie 500 g Himbeeren mit 500 ml Kaffeesahne (Kaffeeobers) und lassen Sie nun beides langsam gut köcheln. Vorsicht, legt sich leicht am Boden an, daher stets umrühren. Nach 10 Minuten durch einen Kaffeefilter laufen lassen und mit der gewünschten Zuckermenge (je nach Geschmack) vorsichtig dick einkochen. Nach dem Erkalten mit Weinbrand bis zur gewünschten Konsistenz und Stärke auffüllen.

TIPP! Um dem Likör die gewünschte Farbe zu geben, können Sie mit roter Lebensmittelfarbe nachbessern!

Ananascreme

Kaufen Sie 2 große Dosen Ananas, verteilen Sie die Frucht in 8 Dessertschalen und sammeln Sie den Saft in einer Glasschüssel. Kochen Sie

1/2 Liter Kaffeesahne (Kaffeeobers) mit 3 EL Honig dick ein und leeren Sie die erkaltete Mischung zu 1/2 Liter Ansatzkorn (80% Vol.). Nun mit dem Ananassaft mischen und über die Dessertschalen träufeln. Den Rest in Flaschen füllen und für gute Gäste aufheben.

Holunder-Schlagsahne-Likör (Holunder-Schlagobers-Likör)

300 g Holunderbeeren werden mit 0,3 Liter Korn (80% Vol.) in einem Ansatzglas (Gurkenglas) angesetzt und 14 Tage lang täglich geschüttelt. 1/2 Liter Schlagsahne (Schlagobers) wird mit 200 g Zucker aufgekocht und gut erkaltet mit dem Kornauszug gemischt. Dieser Likör ist sehr gut im Winter zu genießen, um einer Grippe vorzubeugen. Jeweils am Abend vor dem Schlafengehen einen Stamper trinken und die Grippe wird Sie verschonen.

TIPP! Wenn Sie die Beerenmischung extra aufheben und die Schlagsahne einfrieren, haben Sie immer für überraschende Gäste ein feines Getränk daheim!

Rum-Sahne-(Obers-)Creme

Zutaten:
1 l Schlagsahne (Schlagobers)

Die Schlagsahne mit Zucker und Vanillezucker aufkochen. Kakao einrühren und kalt stellen. Die abgekühlte Flüssigkeit mit dem Rum

350 g Puderzucker (Staubzucker)
2 Pckg. Vanillezucker
1/4 l starker Kakao
1 l Rum

mischen. Auf Flaschen ziehen und luftdicht verschließen.

TIPP! Nehmen Sie eher kleine sowie dunkle Flaschen und heben Sie diese im Kühlschrank auf! Dieses Rezept schmeckt auch mit Bacardi-Rum einmalig!

Wie oft bleibt nach Besuch etwas Wein über, den man wegschüttet, obwohl oft sehr gute und lange gelagerte Tropfen darunter sind und man eigentlich noch etwas damit anfangen könnte. Einige dieser Rezepte schreibe ich Ihnen nun auf, damit auch die Resteverwertung nicht zu kurz kommt.
Ein sehr guter Sahnelikör (Schlagoberslikör) lässt sich aus Resten von italienischem Wein bereiten.

Lacrima-Christi-Creme

Kochen Sie den Rest Lacrima Christi aus der Flasche mit gleich viel Kaffeesahne (Kaffeeobers) und der gewünschten Zuckermenge auf. Im Kaltwasserbad schlagen, bis die Masse erkaltet ist. Nach dem vollständigen Erkalten auf dunkle kleine Flaschen ziehen. Kühl und dunkel aufbewahren.

Wermutcreme

Kochen Sie auf kleiner Flamme und unter ständigem Rühren 1 Liter Schlagsahne (Schlagobers) mit 3 EL Zucker, 1 bis 2 cm Zimtrinde und 2 Gewürznelken auf. Vom Herd nehmen und so lange rühren, bis die Masse kalt ist. Mit dem Wermutrest mischen, die Zimtrinde sowie die Gewürznelken entfernen und auf Flaschen ziehen.

TIPP! Wenn Sie dem Likör 8 Wochen Zeit zum Reifen geben, haben Sie einen Trunk, um den Sie Ihre Freundinnen beneiden werden!

Mangotraum

Zutaten:
5 reife Mangos
1 l Korn (80% Vol.)
500 g Zucker
1/2 l Kaffeesahne (Kaffeeobers)

Die Mangos in kleine Stücke schneiden und mit dem Korn übergießen. Luftdicht verschließen und etwa 3 Monate ruhen lassen. Nach dieser Zeit durch einen Kaffeefilter ablaufen lassen. Aus Zucker und Kaffeesahne einen Sirup bereiten und nach dem Erkalten beide Teile mischen. Den fertigen Likör im Kühlschrank noch einige Tage nachreifen lassen.

TIPP! Dieser Likör eignet sich hervorragend zum Verfeinern von Eis oder Backwaren!

Frühlingsparade

Zutaten:
200 g Veilchenblüten
600 g Zucker
400 ml guter Weinbrand oder Cognac

Die Veilchenblüten verlesen und alle grünen Teile sorgfältig entfernen. Mit Weinbrand übergießen und an einem dunklen Platz 3 Wochen ziehen lassen. Den Zucker mit der Dickmilch zu einem Sirup einkochen und erkalten

400 ml Dickmilch (z. B. Maresi oder Kondensmilch)

lassen. Beides mischen und auf Flaschen ziehen.

TIPP! Wenn Sie die Veilchen gleich nach dem Abseihen in gesponnenen Zucker eingießen, haben Sie noch einen Blickfang, den alle Gäste bewundern!

Südseeperle

Zutaten:
10 Kiwi
1 l Wodka (40% Vol.)
1/4 l Schlagsahne (Schlagobers)
300 g Zucker

Die Kiwi werden geschält und das Fruchtfleisch klein geschnitten. Aus Schlagsahne und Zucker einen sehr dicken Sirup kochen und nach dem Erkalten mit dem Wodka mischen. Über die Früchte leeren, im Kühlschrank 1 Tag ziehen lassen und am Abend wie eine Bowle mit den Fruchtstückchen servieren.

Der Geschmack und Geruch von Zimt ist nicht nur zu Weihnachten wunderbar im ganzen Haus zu spüren, wenn Sie sich folgenden Likör zubereiten:

Guggis Weihnachtstraum

Zutaten:
1 l Weinbrand mit mindestens 38% Vol.
130 g Zucker
1/4 l Dickmilch (Maresi oder Kondensmilch)
12 g Zimt gemahlen

Der Zucker wird in die Dickmilch sirupartig eingekocht. Nach dem Erkalten mit dem Weinbrand mischen. Alles in eine hohe Flasche geben und so lange an einem warmen Ort stehen lassen, bis der Zimtgeschmack sich sehr stark bemerkbar macht. Nach dieser Zeit filtern und auf Flaschen ziehen.

Feiner Schokoladelikör

3/4 Liter Schlagsahne (Schlagobers) und 250 g klein geschnittene weiße Schokolade lässt man unter ständigem Rühren 10 Minuten langsam kochen. Nebenbei rührt man 4 Eigelb mit 200 g feinem Zucker sehr schaumig und gießt hierauf die kochende Schokolademilch unter stetigem Schlagen dazu. Danach nochmals am Feuer fast bis zum Siedepunkt aufschlagen. Die Masse mit 1/2 Liter Weinbrand mischen. Kalt schlagen, in Flaschen füllen und luftdicht verschließen.

Milchschokoladelikör

300 g klein gebrochene Milchschokolade z. B. Schokoosterhasen oder Weihnachtsmänner, die übrig geblieben sind, werden mit 3/4 Liter Dickmilch (Maresi oder Kondensmilch) 15 Minuten langsam und unter ständigem Rühren aufgekocht. 5 Eigelb werden mit 220 g Feinkristallzucker sehr schaumig geschlagen und nun gießt man vorsichtig die Schokolademilch dazu. Alles so lange weiterschlagen, bis die Masse erkaltet ist. Nun mit der gleichen Menge Bacardi auffüllen und in Flaschen füllen.

Brombeercreme

Bereiten Sie aus 1000 g Brombeeren und 500 ml Wasser sowie 1000 g Zucker einen Brombeersirup, den Sie nach dem Erkalten mit1 Liter Korn (80% Vol.) mischen. 1/2 Liter Schlagsahne (Schlagobers) wird unter ständigem Rühren aufgekocht und im Wasserbad kalt geschlagen. Beide Konzentrate vorsichtig miteinander mischen, damit nichts ausflockt.

Erdbeerdrink

Zutaten:
1/4 l Milch
1/4 l Walderdbeeren
2 Likörgläser voll Rum
1/2 Zitrone
etwas aufgeschlagene Sahne (geschlagenes Obers)
Zucker nach Geschmack

Die sehr reifen Erdbeeren werden grob zerstampft. Man würzt mit Rum, Zitronensaft und Zucker und verschlägt alles in der Milch. Der Drink wird in kleine Gläser verteilt und mit Schlagsahne (Schlagobers) verziert.

TIPP! Versuchen Sie einmal mit Mandelsplittern oder Raspelschokolade zu verzieren!

Vanillecremelikör

Zutaten:
das Innere von
3 Vanilleschoten

Das Innere der Vanilleschoten auskratzen und in der Kaffeesahne (Kaffeeobers) mit dem Zucker und dem Vanillezucker aufkochen lassen.

3 Pckg. Vanillezucker
1/2 l Kaffeesahne (Kaffeeobers)
150 g Zucker
1 l Weinbrand (40% Vol.)

Dabei kräftig aufschlagen, die Masse sollte sehr dick sein. Nun mit dem Weinbrand mischen und luftdicht verschließen.

TIPP! Wenn Ihr Likör einmal etwas zu dick wird, lockern Sie ganz einfach mit gekochter Kaffeesahne (Kaffeeobers) nach!

Wissen Sie eigentlich, dass Sie aus jedem Dosenobst Likör herstellen können? So zum Beispiel auch aus Fruchtcocktail.

Fruchtcocktailcreme

Teilen Sie das Obst der Fruchtcocktaildosen in 6 bis 8 Cocktailgläser und geben Sie den Saft extra in einen Behälter. 1/2 Liter Schlagsahne (Schlagobers) wird mit 4 EL Honig aufgekocht und im Wasserbad kalt geschlagen. Tropfenweise den Saft darunter schlagen, damit nichts gerinnt, und dann mit 1 Liter Weinbrand (40% Vol.) mischen.

TIPP! Dieses Rezept ist sofort fertig, wenn späte Gäste kommen und Sie einen Vorrat an Fruchtdosen und haltbarer Schlagsahne (Schlagobers) zu Hause haben!

Wer noch nicht so geübt ist in der Likörherstellung, sollte erst versuchen, aus fertigen Produkten Likör zu bereiten. Diese Art ist sehr einfach und gelingt auch den Ungeübtesten auf Anhieb.

Milchschokoladelikör
(siehe auch Rezept auf Seite 78)

Erdbeerdrink
(siehe auch Rezept auf Seite 79)

Vanillecremelikör
(siehe auch Rezept auf Seite 79)

Sangrialikör

(siehe auch Rezept auf Seite 81)

Dieser reine Fruchtlikör ist einfach in der Herstellung und hält sehr lange seinen Geschmack.

Sangrialikör

Dazu mischen Sie $1^1/_2$ Liter Sangria mit 1 Flasche Bacardi und 1 Flasche Kirsch-Rum gut ab, ehe Sie wieder auf Flaschen ziehen. Der feine Geschmack des Bacardi mischt sich mit dem Fruchtgeschmack innig ab und der Kirsch-Rum hebt die Fruchtnote noch hervor.

Johannisbeerlikör (Ribisellikör)

Kaufen Sie 2 Liter schwarzen Johannisbeersaft (Ribiselsaft), den Sie nach Geschmack mit Honig aufkochen und abschäumen. Nach dem Erkalten mit Weinbrand auf ein Volumen von 4 Litern auffüllen.

TIPP! Dieser feine Likör hält sich luftdicht verschlossen mindestens 4 Jahre und wird mit jedem Tag wertvoller im Geschmack! Die Johannisbeere (Ribisel) belebt den Geist und regt zu neuen Denkanstößen an!

Der nächste feine Likör in unserer Sammlung ist ein Kaffeelikör, der alle Stückeln spielt und in keiner Likörsammlung fehlen darf.

Gletschereis

Kochen Sie 1/2 Liter sehr starken schwarzen Kaffee mit 1/2 Liter Schlagsahne (Schlagobers) und Zucker nach Geschmack dick ein. Nach dem Erkalten mit 1 Liter Ansatzkorn (80% Vol.) mischen und auf Flaschen füllen.

TIPP! Dieser Likör wird in kleinen Cocktailgläsern serviert und ein Sahnehäubchen (Schlagobersgupferl) darauf gespritzt, so sieht der Likör wie ein schneebedeckter Berggipfel aus!

Der nächste Likör stammt aus dem Orient und hat 2 verschiedene Namen. Um Sie nicht zu verwirren, schreibe ich Ihnen beide Namen auf.

Kamelwasser oder Wüstenschiff

Zutaten:
300 g reife Datteln
200 ml Weingeist (96% Vol.)
400 ml Schlagsahne (Schlagobers)
Zucker nach Geschmack

Die gewaschenen Datteln werden entsteint und in kleine Stücke geschnitten. Geben Sie die Stücke in ein Gurkenglas und gießen Sie den Weingeist darüber. An einem warmen sonnigen Ort etwa 3 Wochen ziehen lassen. Nach dieser Zeit filtern. Aus Schlagsahne (Schlagobers) und Zucker einen dicken Sirup herstellen und kalt schlagen. Beide Teile mischen und im Kühlschrank bis zum Verbrauch aufbewahren.

TIPP! Die Aufbewahrungszeit sollte nicht mehr als 8 Wochen betragen!

Feiner Mandellikör

Zutaten:
3 bis 4 Vanilleschoten
100 g gemahlene Mandeln
500 g Schlagsahne (Schlagobers)
3 Eigelb
700 ml Weinbrand (40% Vol.)
125 g brauner Raffinadezucker

Die Vanilleschoten werden der Länge nach halbiert und ausgeschabt. Das Mark mit den Mandeln und der Schlagsahne einige Minuten aufwallen lassen und dann kalt rühren. Die Mandelmilch vorsichtig abseihen und in eine Flasche mit großer Öffnung (eventuell Gurkenglas) geben. Eigelb mit dem Zucker schaumig verrühren und die gerührte Masse vorsichtig mit der Mandelmilch mischen. Langsam den Weinbrand einrühren und das Glas verschließen. Im Kühlschrank 14 Tage mazerieren (ziehen lassen). Nach dieser Zeit den Ansatz filtern und in dunkle Flaschen füllen.

Rosinencreme

Bitte kaufen Sie 1 Liter billigen Weinbrand (40% Vol.) und 500 g Korinthen (Rosinen). Die Korinthen werden in ein Gurkenglas mit luftdichtem Verschluss gefüllt und mit Weinbrand übergossen. Unter mehrmaligem Aufschütteln 6 bis 8 Wochen an einem warmen Ort stehen lassen. Kochen Sie bitte 1/2 Liter Schlagsahne (Schlagobers) mit Zucker nach Ihrem Geschmack sehr dick ein. Dabei immer umrühren, damit sich nichts anlegt. Im Wasserbad kalt schlagen. Den Weinbrand durch einen Kaffeefilter laufen lassen und mit der kalten Sahnemischung mengen. Luftdicht verschlossen hält sich dieser Likör mindestens 8 Wochen lang im Eiskasten, darum eher in kleinere Flaschen abfüllen.

TIPP! Die sehr geschmackvollen Korinthen (Rosinen) werden in einem Tiefkühlgeschirr eingefroren und bei Bedarf noch zur Bereitung eines Quarkstrudels (Topfenstrudels) oder zur Dekoration von Eis verwendet!

Aus dem Irisch-Schottischen kommt der Whisky zu uns und auch hier gibt es verschiedene Whiskycremearten. Eine sehr gute Mischung bereite ich aus ganz günstig gekauftem Whisky zu.

Schottenrock

Kaufen Sie bitte 1/2 Liter Dickmilch (Maresi oder Kondensmilch) und kochen Sie diese mit der gewünschten Zuckermenge unter kräftigem Aufschlagen dick ein. Im Wasserbad kalt schlagen und mit dem Whisky mischen. Auf diese Art und Weise haben Sie eine wunderbare Likörmischung, die Sie auch zu Crepes servieren können oder über eine Götterspeise gießen.

TIPP! Ich habe immer eine Flasche Whisky im Barschrank stehen und lange haltbare Dickmilch (Maresi oder Kondensmilch), um für überraschende Besuche gerüstet zu sein! Für Figurbewusste habe ich diese Whiskycreme jedoch auch schon mit fettreduzierter Haltbarmilch zubereitet! Der Likör ist zwar nicht so cremig, aber der Geschmack ist gleich gut!

Wenn Sie die Gelegenheit haben, echten, naturtrüben Apfel- oder Birnensaft zu kaufen und etwas Mehrarbeit nicht scheuen, hier ein Geheimrezept unserer Familie:

Apfelblütencreme

Erhaschen Sie sich im Frühjahr, zur Apfelblüte, 10 Apfelblüten und ebenso viele Blätter. Die Blüten und Blätter vorsichtig rein tupfen und mit Calvados (Apfelbrand) oder Cidre (Apfelwein) bedeckt in einem Glas mit Schraubverschluss 6 bis 8 Wochen ziehen lassen. Nach dieser Zeit 1/2 Liter Kaffeesahne (Kaffeeobers) mit Zucker nach Geschmack aufkochen. Während des Kaltschlagens ein wenig grüne Lebensmittelfarbe einmengen. Beide Auszüge gut vermischen, auf Flaschen ziehen und kühl aufbewahren.

TIPP! Dieser Likör hat nicht viel Alkohol und wird eher von Damen bevorzugt! Noch im Biedermeier haben manche Kavaliere ihren Angebeteten kleine Fläschchen mit diesem Likör, an dem einige Apfelblüten befestigt waren, als Geschenk mitgebracht! Wenn Sie die Kaffeesahnemischung jedoch mit naturtrübem, süßem Apfel- oder Birnensaft mischen, ersparen Sie sich den Calvados oder Cidre, nur ist die Arbeit sehr zeitaufwändig, da der Saft nur tropfenweise dazugegeben werden kann, um die Milch nicht zum Gerinnen zu bringen!

Wenn Ihnen nach Weihnachten Fondantstücke, die Sie liebevoll in buntes Stanniolpapier gewickelt haben, übrig geblieben sind, so bereiten Sie doch eine:

Fondantcreme

Brechen Sie die Fondantstücke klein und legen Sie diese in eine Schüssel. Mit Schlagsahne (Schlagobers) abdecken und über Nacht im Kühlschrank stehen lassen. Am nächsten Tag in eine Pfanne leeren und auf kleiner Flamme unter festem Rühren zergehen lassen. Ist das Fondant zergangen, nach Wunsch Zucker zugeben und nochmals aufschäumen lassen. So lange rühren, bis eine glatte homogene Masse entstanden ist. Die gleiche Menge Weinbrand abmessen und mit der Fondant-Sahnemasse mischen.

TIPP! Natürlich können Sie alle beschriebenen Liköre auch mit Normalmilch zubereiten, jedoch der cremige Geschmack ist nicht mehr so intensiv!

Noch ein Likörchen, welches immer nach Weihnachten bei uns auftaucht, ist der

Lebkuchenlikör

Zutaten:
3/8 l Vollmilch
200 g Zucker
1/8 l Ansatzkorn (80% Vol.)

Eigelb, Zucker, Lebkuchengewürz und Vanillezucker werden exakt eine halbe Stunde lang mit der Hand gleichmäßig schaumig geschlagen. Die gekochte und gut abgekühlte Milch mit dem Ansatzkorn vermischen, die Schaum-

3 Eigelb
1 Pckg. Lebkuchengewürz
2 Pckg. Vanillezucker

masse unterziehen, in Flaschen füllen und luftdicht verschließen.

Mohncremelikör

Lassen Sie in einem sauberen Metalltopf 100 g feinen Kristallzucker mit wenig Wasser so lange kochen, bis eine goldgelbe Farbe erreicht ist. Nun fügen Sie bitte 200 g geriebenen Weißmohn hinzu. Kurz durchrösten und mit 3/4 Liter kalter Milch aufgießen. 10 Minuten auf kleiner Flamme köcheln lassen, zudecken und auskühlen lassen. Ausgekühlt durch ein feuchtes Leinentuch oder einen Kaffeefilter seihen. Fügen Sie bitte 400 g Zucker, 2 Pckg. Vanillezucker, 3 rohe Eigelb und 2 ganze Eier dazu. Alles kalt verschlagen und die Masse mit dem Schneebesen auf kleiner Flamme bis zum Siedepunkt aufschlagen. Ist dies geschehen, 1 Liter Trinkbranntwein (40% Vol.) zusetzen und kalt schlagen.

TIPP! Dieser feine Likör sollte vor dem Genuss mindestens 6 Wochen Zeit zum Reifen haben! Der Weißmohn hat einen feinen Nussgeschmack und ist mit keinem anderen Nusslikör zu vergleichen, obwohl kein Stückchen Nuss drinnen ist!

Als letzter der feinen Liköre, der Jugendtraum Ihrer Oma, der den frivolen Namen Rachenputzer hatte, aber das verbotene Getränk jeder Teenagerparty war, ist:

Creme de Menthe

Zutaten:
150 g frische Minzeblätter
1/4 l Schlagsahne (Schlagobers)
1/2 l Apfelsaft
ca. 700 g Zucker nach Geschmack
einige Tropfen grüne Lebensmittelfarbe zur Farbintensivierung
1/4 l geschmacksneutraler Obstbranntwein (40% Vol.)

Die Minzeblätter mit der Schlagsahne (Schlagobers) aufkochen und abkühlen lassen. Nach etwa einer Stunde die ausgelaugten Minzeblätter entfernen und wegwerfen. Apfelsaft mit Zucker unter ständigem Rühren 10 Minuten kochen, bis der Saft eindickt. Mit Lebensmittelfarbe das Grün intensivieren. Nun alles zusammenmischen und wenn der Likör zu dick geworden ist mit etwas Alkohol oder gekochter Schlagsahne (Schlagobers) verdünnen.

TIPP! Dieser Likör passt ausgezeichnet zum Verfeinern von Zitrone- oder Vanilleeis! Wenn Sie zu Ihrem Ansatz englische Minze nehmen, wird der Likör geschmacklich besser abgerundet! Englische Minze bekommen Sie bei jedem Blumenhändler oder Floristen! Ziehen Sie im Blumentopf die Minze selbst, so haben Sie bei Bedarf immer frische Minzezweige zur Hand!

Sehr geehrte Leserinnen und Leser,
liebe Freunde meiner Kochbücher!

Ich hoffe, Sie sind nicht böse, wenn ich Sie alle als Freunde anspreche, aber die beim Schmökern in den kleinen Kochbüchern zusammen verbrachten Stunden haben doch so ein gewisses Gefühl von Freundschaft und Zusammengehörigkeit entstehen lassen. Für dieses Gefühl möchte ich mich bei Ihnen allen bedanken. Wie immer bitte ich Sie bei Fragen oder Beschwerden mit mir über den Verlag Kontakt aufzunehmen. Ich freue mich, Ihnen bald wieder ein neues Buch zu präsentieren, und bis dahin wünsche ich Ihnen viel Spaß beim Ausprobieren der Rezepte.

Mit herzlichen Grüßen

Ihre Gertrude Kreipel

Rezepturen in alphabetischer Reihenfolge